**圖書在版編目（CIP）數據**

經史問答 / (清) 全祖望著. -- 揚州 : 廣陵書社, 2017.8
（文華叢書）
ISBN 978-7-5554-0816-1

Ⅰ. ①經… Ⅱ. ①全… Ⅲ. ①經學-研究 Ⅳ. ①Z126

中國版本圖書館CIP數據核字(2017)第213752號

ISBN 978-7-5554-0816-1

經史問答

著　　者　(清)全祖望
責任編輯　顧寅森
出 版 人　曾學文
出版發行　廣陵書社
社　　址　揚州市維揚路三四九號
郵　　編　二二五〇〇九
電　　話　(〇五一四)八五二二八〇八八　八五二二八〇八九
印　　刷　常州市金壇古籍印刷廠有限公司
版　　次　二〇一七年八月第一版第一次印刷
標準書號　ISBN 978-7-5554-0816-1
定　　價　壹佰叁拾捌圓整(全貳册)

微信二維碼

微博二維碼

http://www.yzglpub.com　E-mail:yzglss@163.com

# 經史問答

(清)全祖望 著

廣陵書社

中國·揚州

# 文華叢書序

時代變遷，經典之風采不衰；文化演進，傳統之魅力更著。古人有登高懷遠之慨，今人有探幽訪勝之思。在印刷裝幀技術日新月異的今天，國粹綫裝書的踪迹愈來愈難尋覓，給傾慕傳統的讀書人帶來了不少悵惘和遺憾。我們編印《文華叢書》，實是爲喜好傳統文化的士子提供精神的享受和慰藉。

叢書立意是將傳統文化之精華萃于一編。以内容言，所選均爲經典名著，自諸子百家、詩詞散文以至蒙學讀物、明清小品，咸予收羅，經數年之積纍，已蔚然可觀。以形式言，則採用激光照排，文字大方，版式疏朗，宣紙精印，綫裝裝幀，讀來令人賞心悦目。同時，爲方便更多的讀者購買，復盡量降低成本、降低定價，好讓綫裝珍品更多地進入尋常百姓人家。

可以想象，讀者于忙碌勞頓之餘，安坐窗前，手捧一册古樸精巧的綫裝書，細細把玩，静静研讀，如沐春風，如品醇釀……此情此景，令人神往。



讀者對于綫裝書的珍愛使我們感受到傳統文化的魅力。近年來，叢書中的許多品種均一再重印。爲方便讀者閲讀收藏，特進行改版，將開本略作調整，擴大成書尺寸，以使版面更加疏朗美觀。相信《文華叢書》會贏得越來越多讀者的喜愛。

有《文華叢書》相伴，可享受高品位的生活。

廣陵書社編輯部

二〇一五年十一月

# 出版説明

全祖望（一七〇五—一七五五），字紹衣，號謝山，自署鮚埼亭長，學者稱謝山先生，清代浙江寧波府鄞縣人。著名史學家。他自幼聰穎好學，康熙五十七年（一七一八）補諸生，乾隆元年（一七三六）成進士，後入翰林院爲庶吉士。因不附權貴，不久便辭官歸里，自此潛心于學術研究。曾主講紹興蕺山書院、廣東端溪書院，從學者雲集。在學術上，他極力推崇黄宗羲，自稱梨洲私淑弟子，同時又深受萬斯同等影響，專研宋末和南明史事，在史學上取得了顯著的成就。著有《鮚埼亭集》《漢書地理志稽疑》《七校水經注》等。

《經史問答》是全祖望撰述的一部以師生問答形式來討論經史問題的著作。全書内容宏富，共分十卷，包括《易問目答董秉純》《尚書問目答董秉純》《詩問目答張炳》《三傳問目答蔣學鏞》《諸史問目答郭景兆》等，内容涉及文字、經學、輿地、史學等諸多方面。此書是全氏經史研究心得的代表性著作，阮元以爲此書足以與顧亭林《日知録》相埒，可見其價值之高。





全祖望博聞洽識，精于經學、史學、輿地之學，又擅考據，故對于前人學術研究之謬失或衆説紛紜之説，頗能有所發明，令人有耳目一新之感。如《易問目答董秉純》中，喻端石以爲『《泰》之「小人道消」，非消小人也，化小人爲君子也』，全氏以『「君子道消」，是化君子爲小人也？』作爲反證，指出喻氏之『言似新而實戾經旨』。《諸史問目答郭景兆》中，當問及關于戰國李牧之死的記載，《國策》和《史記》全然不同時，全祖望則通過考證，認爲《國策》是而《史記》非，并對李牧忠貞恭敬反而遭受冤屈表示了極大的同情。關于孔子卒年的記載，杜預《長曆》與《史記》《孔叢》等多有不同，全氏通過對曆法的推演，對孔子卒年進行了詳細考證，肯定了杜預的説法。諸如此類高卓的識見、精當的考證，全書俯拾皆是。可以説，此書不僅包括了全祖望經學和史學研究的主要成果，而且全面展示了他深厚的考據學方法和素養，是清代學術研究的一部重要著作。

《經史問答》現存最早的本子爲乾隆三十年（一七六五）萬近蓬刻本。此後，又有嘉慶八年（一八〇三）史夢蛟刻《鮚埼亭集》附印本、《皇清經解》本。二〇〇〇年，上海古籍出版社出版的由朱鑄禹彙校集注的《全祖望集彙校集注》亦收有《經史問答》，爲目前最爲通行且較易得的本子。

此次整理出版，以一九九〇年江蘇廣陵古籍刻印社影印乾隆三十年刻本爲底本，同時參校朱鑄禹彙校集注本。宣紙印刷，綫裝出版，希望帶給讀者朋友們更好的精神享受。

廣陵書社編輯部

二〇一七年八月

# 目録


文華叢書序……一
出版説明……一
卷一　易問目答董秉純……一
卷二　尚書問目答董秉純……一三
卷三　詩問目答張炳……二八
卷四　三傳問目答蔣學鏞……四〇
卷五　三禮問目答全藻……五二
卷六　論語問目答范鵬……五九
卷七　大學中庸孟子問目答盧鎬附爾雅……七五
卷八　諸史問目答郭景兆……九三
卷九　諸史問目答盧鎬……一〇五
卷十　諸史問目答董秉純……一二〇

## 卷一　易問目答董秉純

**問**：説《易》家有互體，其來遠矣。南軒教人且看王輔嗣、胡安定、王介甫三家，以其不言互體也。然則互體之説非與？而朱子晚年頗有取焉，何也？

**答**：向來謂《大傳》之雜物撰德，同功異位，即指互體。愚未敢信其必然，蓋觀於『多凶多功，多譽多懼』之語，似於互體無涉。然互體在《春秋左氏傳》已有之，乃周太史之古法，則自不可斥，不必攀援《大傳》而後信也。漢晉諸儒無不言互體者，至王輔嗣、鍾士季，始力排之，然亦終不能絀也。特是漢儒言互，祇就一卦一爻取象，而未能探其所以然。直至南宋深寧王禮部作《鄭康成易注序》，始發之。深寧謂八卦之中，《乾》《坤》純乎陰陽，故無互體。若《震》《巽》《艮》《兑》，分主四時，而《坎》《離》居中以運之，是以下互《震》而上互《艮》者，《坎》也；下互《巽》而上互《兑》者，《離》也。若《震》《巽》分《乾》《坤》之下畫，則上互有《坎》《離》；《艮》《兑》分《乾》《坤》之上畫，則下互有《坎》《離》。而《震》《艮》又自相互，《巽》《兑》又自相互，斯陰陽老少之交相資也。其義最精。而愚由深寧之言，再以十辟卦推之：五陽辟，以《震》《兑》與《乾》《坤》合而成。五陰辟，以《巽》《艮》與《乾》《坤》合而成。乃《夬》《姤》近乎純《乾》，《剥》《復》近乎純《坤》，故無互體。而《艮》《兑》之合《乾》《坤》也，爲《臨》爲《遯》，則下互有《震》《巽》。《震》《巽》之合《乾》《坤》也，爲《大壯》爲《觀》，則上互有《艮》《兑》。至《坤》《乾》合而爲《泰》，則下互《艮》而上互《震》。《乾》《坤》合而爲《否》，則下互《兑》而上互《巽》。《坎》《離》於十辟卦雖不豫，而以《既》《未濟》自相互，是陰陽消長之迭爲用也。其法象亦未嘗不天然也。然則互體之説，非徒以數推，而以理備。當聖人畫卦之初，何嘗計及於此，乃其既具而旁午曲中，所以不流於鑿。是故深寧八卦之旨，即中央寄王之義也。愚所推十辟卦之旨，即六律還宮之義也。而聖人參伍於此，以之取象，蓋十之五。是以朱子晚年，謂從《左氏》悟得互體，而服漢儒之善於説經，有自來矣。是固互體之原也。

問：然則諸家之異同若何？

答：古人互體之法，但於六畫中求兩互，是正例也。漢人說《易》如剝蕉，於是又有從互體以求重卦之法，謂之「連互」，蓋取兩互卦與兩正卦，參錯連之，下互連外體，上互連內體，各得一卦，所謂五畫之連互也。下互連內體，上互連外體，又各得一卦，所謂四畫之連互也。虞仲翔解《豫》曰「《豫》初至互體《比》，故利建侯」，是五畫連互之說也。又曰「三至上體《師》，故利行師」，是四畫連互之說也。問嘗以其說求之於象，如《訟》初至五互《渙》，故初之不永，二之歸逋，三之無成，四之即命，皆能聽命於元吉之主而渙其群。至終《訟》之上，鞶帶是侈，三褫不改，則以其在渙外也。《晉》初至五互《比》，故有康侯之接，其象皆天然者。且不特經文之象多所合也，即卜筮家占法亦用之。宋人或筮取妻，得《小過》，不知其說，質之沙隨，則曰「大吉」，蓋內卦兼互體爲《漸》，漸女歸吉，外卦兼互體，則《歸妹》也，是誠曲而中矣。至宋所傳《麻衣易》，則又有參互之法，謂除本卦之二體，但以所互之上下二卦，重而參之，又得六畫之卦一，是又一法也。然此皆但於二互中離合以求之，不參以他說，其於古法不悖。及漢上朱內翰則以二互爲未足，始於互中求伏，共得四卦。不知正體或可言伏，互體而更求其伏則支矣。林黃中則謂一卦皆得八卦，前四卦以兩正卦兼兩互體，後四卦以兩反對卦兼兩互體。夫於反對之中尚欲求互，則《屯》即《蒙》，《蒙》即《屯》矣，是較之漢上爲更謬矣。黃中又別有包體之說，亦以互體分去取，則尤屬舛戾不足詰者。華亭田興齋，則於每卦取變卦，而又於變卦之中求互。其說本之沈守約，不知是在占法中或可用，若以解經，則不可也。降而至於明之瞿塘來氏，雜用諸家之例，愈繁愈溷，而互體之學互亂。近則西河毛氏亦然。使南軒見之，必益動色相戒，掩耳而走。然遂以之廢古法，則又非也。

問：林氏之包體若何？

答：林氏之書，傳於今者祇《集解》，不載包體之說。惟楊止菴嘗述之，其説以爲一卦具兩互，取一互，留一互。取之者以致用，留之者以植體。一卦取上互，則一卦取下互，如《乾》包《坤》，則爲《損》《益》；《坤》包《乾》，則爲《咸》《恒》。一卦包三十二卦，八卦包二百五十六卦。是於《易》之經傳取象，全無豫者，故朱子於其前説嘗辨之，而包體之説不及焉。蓋以爲其不足詰而置之也。

**問**：先天互體之説，先生獨不道及，何也？

**答**：宋人言互體，於伏，於反對，於變，皆非古法，然猶未牽纏於陳、邵之圖説。其以《先天圖説》言互體者，則吴草廬也。草廬之圖，有隔八縮四諸法。隔八者，《先天圖》之左起《乾》《夬》，歷八卦而至《睽》《歸妹》，又歷八卦而至《家人》《既濟》，又歷八卦而至《頤》《復》。《先天圖》之右起《姤》《大過》，歷八卦而至《未濟》《解》，又歷八卦而至《漸》《蹇》，又歷八卦而至《剥》《坤》。左右各以二卦互一卦，合六十四卦互之，得十六卦也。縮四者，合十六卦而互之，衹得《乾》《坤》《既》《未濟》四卦也。草廬爲是圖，不載之《易纂言》，而載之《外翼》。按，《外翼》十八卷，是圖即十八卷之一也。顧同時胡雲峯言互，竟與之合。二人學術門户不甚同，而言互則同。草廬之《外翼》，今已罕見，獨楊止菴嘗述之，故世但知爲雲峯之説。夫康節之言曰『四象相交，成十六事；八卦相盪，爲六十四』，是言正體也，非言互體也。雖就康節之説，亦衹成爲康節重卦之法，而非《易》之法。然在康節，亦未嘗以之當互體。今如草廬之圖，是先有互體，後有正體，其謬不攻而自見矣。乃李厚菴力宗之，更參以漢人連互之法，而又變之爲環互，因舉雜卦《大過》一節爲例，謂自初至四爲《姤》，自上至三爲《漸》，自五至二爲《頤》，自四至初爲《歸妹》，自三至上爲《夬》。本卦之畫順行，互卦之義逆轉，斯《雜卦·大過》一節之旨也。《既》《未濟》無可取，則又從而别爲之詞。吾聞六畫自下而上，故其互亦自下而上，即支離其説而求之於伏，於反對，於變者，亦未有不自下而上者也。而謂可以析而環之，順行而逆轉之，斯則未之前聞也。是豈特於經無補，且又從而障之矣。故弗敢及也。

**問**：又有大卦之説若何？

**答**：是亦京房之説，而朱子嘗用之者，所謂《中孚》爲大《離》，《小過》爲大《坎》是也。六子同列，何以獨舉《坎》《離》也？曰：四子之大卦，《臨》《大壯》《遯》《觀》皆在十辟。所以然者，十辟以《震》《兑》《巽》《艮》與《乾》《坤》合而成，而《坎》《離》居中以運之，不豫焉。十辟無《坎》《離》，故《坎》《離》之大卦不在十辟，而别見於《中孚》《小過》。舉《坎》《離》，可以槩六子矣。然聖人之取象則有序，大抵求之正體而不得，則求之互體。又不得，則求之大卦，或反對卦，或變卦。故朱子於《大壯》，取大卦之《兑》以解羊象，而先儒以爲《大壯》本互《兑》，且其諸卦相接之《兑》不一，故六爻有四羊。洪景盧曰：『自《復》進爲《臨》，而下卦有《兑》，三之觸藩所自也。又進而爲《泰》，而上互爲《兑》，四之決藩所自也。又進爲本卦，而上互爲《兑》，五之喪易所自也。及五變爲《夬》，而上卦又有《兑》，上之不退不遂所自也。』洪氏之説，校之朱子更精。然則《大壯》之羊，無需於《大壯》求之矣。是以《師》之二至上爲大《震》，然自初至四，本互《震》，則長子弟子之象，不必於大《震》取之。《晉》之初至四爲大《艮》，然自二至四，本互《艮》，則鼫鼠之象，不必於大《艮》取之。此固例也。其必有兼取而後備者，則如蠱是也。《蠱》之六爻，其五皆以父母爲象，而求之無《乾》《坤》之體。不知《蠱》之正體，《艮》也，《巽》也；互體，《震》也，《兑》也；五畫四畫之大卦，《坎》也，《離》也，六子備矣，而父母獨失位，則兄弟交出而有事。惟上九已際《蠱》之終，故别爲象。乃知聖人所以成卦之旨，亦有取於是者，是則大卦之説，足以與互體參觀者也。五畫之大卦，間有與五畫之連互同者；四畫之大卦，間亦有與四畫之連互同者，則皆以互體爲主也。

**問**：近人惟南昌萬學士孺廬最善言互，先生所深許也。唯是先天卦位，學士亦頗用之。如先生言，則斷不可用者矣。向嘗與學士論及之否？

答：學士於予，深有忘年之交，説《易》尤多合。其論互，能發前人所未及者至多，獨有偶及先天卦位者，是其不審。曩在江都同邸舍，嘗以告之。學士生平固力言陳、邵之學不可以解《易》，一聞予言，瞿然引過曰：『即當芟之。』今學士已没，其説尚存，或是其門人所録前此未定之本，非芟正之書也。蓋《乾》一《兑》二之序，出於陳、邵諸子之言，自宋以前，未之聞也。可據者莫如經，以父母男女之序言，始《乾》終《兑》；以春夏秋冬之序言，始《震》終《艮》。若《乾》一《兑》二之序，其於經何所見？且三男皆少陽，三女皆少陰，而太陽何以有《兑》？少陰何以有《震》？少陽何以有《巽》？太陰何以有《艮》？此皆絶不可解者。乃既横列以定其序，又圜列以定其位，而四正四維，究無豫於經，則又不審學《易》諸公何以震而驚之，以爲千古之絶學。然其説之初起，原不過自爲一家言，而未嘗以之解經。劉長民始謂八卦圖位，《乾》一與《坤》八對，《兑》二與《艮》七對，《離》三與《坎》六對，《震》四與《巽》五對，其位皆九。故《説卦》云『天地定位，山澤通氣，雷風相薄，水火不相射』也。説者引以解



康節三十六宫之詩，未爲不可，而牽《説卦》之文以就之，則所謂『天地定位』者，其於四九之數何取焉？康節始以解數往知來之旨，謂有已生之卦、未生之卦。而朱子實之曰『自《震》至《乾》爲已生，自《巽》至《坤》爲未生』，則又牽《説卦》以就圓圖之序。而其實所謂數往知來者，甚非經之本解也。然於六十四卦之象，則自來未有以此序言之者。而學士於《解》二之『三孤』，《困》初之『三歲』，《巽》四之『三品』，則皆曰『三者互離之數』。《震》二之『七日』，則曰『七者互《艮》之數』。《豐》初之『旬』，則曰『十日爲旬』。是合《離》三、《巽》五、《兑》二之數』。是殆未及致思而筆之者。互體者，周太史之説也。《乾》一《兑》二者，宋陳、邵諸儒之説也。此其爲説，必不可合。要之陳、邵圖學，自爲一家。其於聖經之説皆無豫，牽而合之，是又一草廬矣。

問：宋儒爲九卦説者十餘家，大率以反身脩德之義言之。若陳希夷《龍圖》中亦及九卦，則於《繫辭》三陳之意無豫，於是胡仲虎輩遂别立一説，謂上下

經適相對，《咸》《恒》與《乾》對，《損》《益》與《履》對，《困》《井》與《謙》對，《巽》《兑》與《復》對，皆以下經之兩，當上經之一。凡十二卦而二篇卦數，上下適均，十二卦而僅舉其九者。《乾》《咸》其始也，《兑》其終也，始終則皆略之。上卦自《乾》至《履》，得卦者九；下經自《恒》至《損》《益》，得卦亦九。上經自《履》至《謙》，得卦者五；下經自《益》至《困》《井》，得卦亦五。上經自《謙》至《復》，得卦者九；下經自《井》至《巽》，得卦亦九。此三陳之序也。循環數之，上經自《復》至下經《恒》，得卦者九；下經自《巽》至上經《乾》，得卦亦九。近多有是之者，然否？

**答**：序卦之旨，宜專從正對、反對爲當。蓋《乾》《坤》《大過》《頤》《坎》《離》《中孚》《小過》爲正對，而反對者五十六，則上下二篇，得卦各十有八，無參差也。倘謂《乾》爲上經之始，《咸》爲下經之始，而皆去之矣，則《復》爲上經之終，《兑》爲下經之終，何以祇去《兑》而不去《復》也。蓋去《復》則不可以言九卦，而自《謙》至《恒》，得卦十八，不可通也。且自《巽》至《乾》得



卦九，是又數《乾》矣，則自《復》數之，亦仍宜至《咸》，而無如其得卦祇八，因越《咸》而數《恒》，則何以上經又數《乾》。蓋使自《巽》至《履》，得卦十七，不可通也。然則所謂序卦之旨，據胡氏之説，牽強增減，非自然之法象矣。且序卦則皆宜有一定之例，九卦之中，或得卦九，或得卦五，亦無説以處此。即如戴師愈《麻衣易》，謂序卦當以《小畜》居《履》之後，今以錯簡亂之。《大傳》三陳九卦之序，《履》得九，《謙》得十五，《復》得廿四，皆與《龍圖》數合，非偶然也。是皆舉聖經以就己説，而不知其爲儒林之禍。其於真正微言，豪髮無補。蓋皆自僞《龍圖序》啟之。

**問**：三十六宫之説，自朱子外，有謂太陰、太陽之位，《乾》一與《坤》八對，《兑》二與《艮》七對；少陰、少陽之位，《離》三與《坎》六對，《震》四與《巽》五對。是以配位得四九，合爲三十六宫。其説本於劉長民，稍出康節之前。有謂《震》《坎》《艮》皆五畫，通十五畫，合《乾》爲十八畫；《巽》《離》《兑》

皆四畫，通十二畫，合《坤》爲十八畫。是以分畫得四九，合爲三十六宮。其説出於《六經奧論》，託之鄭漁仲者也。方虚谷則謂一陽起子，正當天根，由是左行，得一百八十日；一陰起午，正當月窟，由是右行，得一百八十日。十干一宮，是謂三十六宮，是以先天卦氣言之。鮑魯齋則謂自《復》至《乾》爲陽辟，凡陽爻二十一，陰爻十五；自《姤》至《坤》爲陰辟，凡陰爻二十一，陽爻十五。奇偶相配，合爲三十六宮，是以十二辟卦言之。若以朱子之説校之，孰優？

**答**：尚不止此四家，而愚近以健忘，不能舉矣。猶記先司空曰：《乾》之策，二百一十有六；《坤》之策，一百四十有四，凡三百有六十。當期之日，少陽進而未極乎盈，少陰退而未極乎虚，數亦如之。自天一至地十爲一宮，是用九用六三十六宮，用七用八三十六宮。先宗伯曰：《震》《坎》《艮》爲三男，三男之畫十八；《巽》《離》《兑》爲三女，三女之畫十八；合六子之重卦數之，亦得三十六宮。凡此數説，於義皆合。然不過就卦畫、卦位、卦策言之，亦不能出朱子之右。唯所聞於梨洲黄子者曰：『康節所謂天根者，性也。月窟者，



命也。性命雙脩，老子之學。康節自泝其希夷之傳，而其理於《易》無豫，則亦自述其道家之學，而其數於《易》無豫也。説者求之《易》，而欲得其三十六宮者，可以不必也。』其説最精。而康節之所謂三十六宮者，尚未知何所指，則黄子亦未之發也。愚偶與當塗徐檢討顒尊語及之，則欣然曰：『是也，君不讀《擊壤集》詩乎？「物外洞天三十六，都疑布在洛陽中；小車春暖秋涼日，一日祇能移一宮。」是非三十六宮之明文乎？天根、月窟，老氏之微言也。三十六宮，《圖經》之洞天福地也。其必以《復》《姤》之説文之者，猶之《參同》必以《乾》《坤》《坎》《離》分氣值日，而究之《參同》之用《易》，非聖人作《易》之旨也。』是足以爲黄子《易學象數論》之箋疏矣。檢討所著《管城碩記》，最精博，有考據。

**問**：厚齋先生謂：『蔡澤引《易》「亢龍有悔」，此言上而不能下，信而不能詘，往而不能自反者也。澤相秦數月而歸相印，非苟知之，亦允蹈之。』何其許澤之深也？

答：蔡澤安知《易》？澤以傾危之口，乘范睢之急，挑而奪之。是其進其得不以正也。居位一無建白，是其存不以正也。不過巧於退而不陷於喪亡耳。細觀澤之底裏，蓋以蘇、張之術始，以黄、老之術終，其所爲於蘇、張則已黠，其所得於黄、老則尚粗。吴禮部校《國策》，其言略與予合。

問：厚齋於《井》之九三，荆公解曰：『求王明，孔子所謂異乎人之求之也。君子之於君也，以不求求之；其於民也，以不取取之；其於天也，以不禱禱之；其於命也，以不知知之。井之道，無求也，以不求求之而已。』以爲語意精妙，諸儒所不及。而義門以爲此特輔嗣清言之儔。何如？

答：厚齋之許固過，義門以爲清言亦非。此數語，乃荆公一生作用、一生心法。所謂『以不求求之』者，即其累召不出之秘術也；『以不取取之』者，即惠卿不加賦而用自足之秘術也；『以不禱禱之』者，一變而遂爲『天變不足畏』之邪説矣。斯荆公經義之最乖舛者也。

問：厚齋謂陸希聲作《易傳》，而不知比之匪人之訓，與《易》相違。考之《唐書》本傳，但言希聲居位無所重輕，不見他事。故閻潛邱疑厚齋蓋誤以希聲爲文通。是否？

答：希聲如何溷於文通？此事見於《楊文公談苑》，而葉石林《避暑録》述之，厚齋之所本也。其言曰：方希聲閑居時，供奉僧晉光以善書得幸，嘗從希聲授筆法，因祈使援己，寄以詩曰：『筆底龍蛇似有神，天池雷雨變逡巡。寄言昔日不龜手，應念當時洴澼人。』晉光即以名達貴幸，因得召。昭宗末年，求士甚急，故首傾倒於朱朴，待希聲亦然。按之，乃所謂比之匪人也。潛邱多學，顧未考及此。此事亦可補唐史之遺。

問：喻湍石曰：『《泰》之「小人道消」，非消小人也，化小人爲君子也。』厚齋取之，而吾丈非之。何也？

答：此言似新而實戾經旨。『小人道消』，是化小人而爲君子，然則『君子道消』，是化君子爲小人也？可以知其説之訛矣。須知小人或可化而爲君子，君子必不化而爲小人。不如舊説之爲妥。

**問**：謝觀察説《中孚》，其於『虞吉，有他不燕』，甚奇。

**答**：觀察，予好友，其箋經多特見，然亦有好奇之病，不可不審也。如此條，因《中孚》之有豚魚、鶴、翰音，而撏扯其類，因及於燕，又及於虞，強以爲飛走之屬，誕矣。

**問**：『西南得朋』『東北喪朋』之説，程子之説了然，而朱子不從。何也？

**答**：陰陽趨舍，凡陰未有不以從陽爲慶。故程子之説，不可易也。朱子殆欲以上文後得之得，貫下得朋之得，故謂當返之西南，而不知得喪之際，蓋有以喪爲得者。當從程子爲是。

**問**：《春秋外傳》筮法『貞《屯》悔《豫》皆八』之説，大不可曉。沙隨尚不了了。近世如安谿所云，先生尤以爲妄，究竟何以解之？

**答**：貞、悔之例，有變爻，則以本卦之卦分之；無變爻，則以內卦、外卦分之，原不可易。獨此所云貞、悔，則別有説。韋注曰：『內卦爲貞，外卦爲悔。《震》下《坎》上《屯》，《坤》下《震》上《豫》。得此兩卦，《震》在《屯》爲貞，在《豫》爲悔，其兩陰爻皆不動。』然則是兩筮所得也。蓋初筮得《屯》，原筮得《豫》，其二體各有《震》，而一在內，一在外，皆得八焉。故其曰貞《屯》，曰悔《豫》，謂合兩筮而共一《震》，故分貞、悔以別之。後人不知，竟以本卦之卦之貞、悔當之，宜其舛戾而難合已。夫兩筮皆八，一奇也。兩八皆在《震》體，又一奇也。兩《震》皆得建侯之象，又一奇也。《屯》之八爲《晉》，《豫》之八爲《泰》，皆爲吉兆。要之二象已足，不必更求之卦而了然者，寧待司空季子始知之？而當時筮史以爲不吉，真妄人耳。況夫事始之爲貞，事終之爲悔。貞《屯》之《震》，文公得國之占也。高梁之刺，公宮之焚，蓋猶有不寧焉。悔《豫》

之《震》，文公定霸之占也，陽樊、城濮之勛，以順動矣，其兆顯然，更無事旁推，而正非盡筮家貞、悔之例也。及讀朱子答沙隨書，亦謂似是連得兩卦，皆不值老陽、老陰之爻，故曰皆八。然兩卦中有陽爻，何以偏言皆八，似亦未安。朱子之謂連得兩卦，是也。其疑兩卦中有陽爻，何以偏言皆八，則疑之泥者。蓋兩卦之《震》，二陰不動，則以兩陰爲主，故曰皆八。惜乎朱子之未見及此也。倘如沙隨之説，爲《屯》之《豫》，是三爻變也。其不變之三爻，在《屯》亦八，在《豫》亦八，固已。夫三爻變，以變爲主，安得尚以八稱之？是在古筮家無此文也。安溪別爲之説，其所謂卦以八成者，於用八之旨尤謬。由今觀之，則韋注内外貞、悔之説，本自了然，而世勿深考，遂滋惑耳。

**問**：《泰》之八一條，此最難曉。如先儒以爲六爻不變者，是因董因占語，祇稱本卦彖詞故也。其説似矣。然果爾，則何以云之八也？如《春秋内傳》僖十五年，秦伯伐晉，遇《蠱》。成十六年，晉厲公擊楚，遇《復》。昭七年，孔成子立君，遇《屯》。《家語》孔子自筮，遇《賁》。《乾鑿度》孔子自筮，遇《旅》。是皆六爻不變者，而均不云之八，則舊説託於夏、商之《易》者，其誤已見。若以爲三爻皆變，是《泰》之《坤》，此因誤解貞《屯》悔《豫》爲《屯》之《豫》，而援其例，總於八，不可通。夫筮法以兩爻或一爻不變，始占七八。則《泰》之八，其所遇者，有六四不變爲《觀》，五不變爲《晉》，上不變爲《萃》，四五不變爲《剥》，五上不變爲《豫》，四上不變爲《比》。今但云《泰》之八，而繇詞又無所引及，宜乎後世之茫然矣。

**答**：愚因此六卦推之，以爲當日所遇者，《泰》之《剥》也。蓋使其爲《觀》，爲《晉》，爲《萃》，爲《豫》，爲《比》，則不曰建侯行師，即曰錫馬晝接；不曰假廟，即曰盥薦，是皆晉公子所幾幸而不敢必之辭。其爲大吉更何疑，不應董因總無一語及之，而反有取於本卦之象。惟爲《剥》，則嫌其不吉，故竟不復引，而別爲之詞。然其實由《泰》而《剥》，凡事不吉，而爭國則吉。蓋兩爻皆不變，或以爲占下爻，或以爲占上爻，亦頗不同。如是卦，以爭國則當占五，今《泰》

五則帝乙歸妹，《剥》五則貫魚以宫人寵，其爲得國必矣。董因之見不及此，而但取大往小來之説，則其於《泰》之八何有矣。近世經師亦多知舊解之非，故蕭山毛檢討以爲《泰》之《豫》，桂林謝御史以爲《泰》之《晉》，則何竟不及兩象也？愚故以爲所遇者《剥》，雖亦出懸揣之辭，而於理近之。穆姜之筮也，得《艮》之八，史以爲《艮》之《隨》。説者以爲史有所諱，故妄引《隨》以爲言。夫使不以《隨》實之，則《艮》四陰之不動者，孰能知其爲何爻，是復董因之例也。

**問：**《易》象用之占筮，列國皆當有之，何以韓宣子獨見之魯？且《易》象何以爲周禮，不應當時列國皆無《易》象？

**答：**按此陳潛室嘗及之。潛室謂《易》卜筮所嘗用，然掌在太易，屬之太史，列國蓋無此書。故《左傳》所載卜筮繇辭，其見於列國者，各不與《周易》同，而别爲一種占書。獨周史及魯所筮，則皆《周易》正文。以此見《周易》惟周與魯有之。故韓宣子謂周禮在魯，潛室之言，大略得之。然所考尚有未盡者。《前漢書·藝文志》有《大次雜易》八十卷，即所謂自成一種占書者也，殆如今《易林》之流。杜預明言當時有雜占筮辭，但春秋時之列國，非其初竟無《周易》筮法也，文獻不足而失之。故《左傳》載筮辭，其用《周易》者，則必曰『以《周易筮』，不使與他筮混。莊公二十二年，周史有以《周易》見陳侯者，陳侯使筮敬仲，遇《觀》之《否》。昭公五年，叔孫穆子之生，莊叔以《周易》筮之，遇《明夷》之《謙》。哀公九年，陽虎爲趙鞅以《周易》筮救鄭，遇《泰》之《需》。若襄公九年，穆姜居西宫，筮得《艮》之《隨》；昭公十二年，南蒯之叛，筮得《坤》之《比》，則雖不言以《周易》筮，而其占皆引《周易》之文，是潛室所謂《周易筮法衹用於周、魯可證者也。乃昭公七年，孔成子立衛靈，再筮皆以《周易》。僖公二十五年，晉文公筮納王；襄公二十五年，崔杼筮納室，雖不以《周易》筮，而皆引《周易》之文，則不得謂列國皆不用也，特用之者少耳。閔公元年，畢萬筮仕於晉，遇《屯》之《比》；僖公十五年，秦穆公筮伐晉，遇《蠱》；晉伯姬之筮適秦，遇《歸妹》之《睽》；成公十二年，晉厲公筮伐楚，遇《復》：皆用雜占，是潛室謂列國筮法別爲一種占書，可證者也。乃閔公二年，成季之生，筮《大有》之《乾》，亦引雜占，則魯亦未嘗不兼用他書也，特用《周易》者多耳。蓋當周之初，典禮流行，《易》象一經，必無不頒之列國者。至是而或殘失，不能不參以雜占，惟魯以周公之舊，太史之藏如故，此宣子所以美之也。

# 卷二　尚書問目答董秉純

**問**：四岳，據孔安國《傳》，即是羲和。然據韋昭注《國語》，則四岳是共工之從孫，炎帝之後。杜預注《左傳》，亦曰太岳，神農之後四岳。故厚齋以爲非羲和，而《國語》謂羲和是重、黎之後。不知是否？

**答**：羲和爲重、黎之後，以《吕刑》證之，似可信。而《左傳》重爲少昊四子之一，黎爲顓頊所出，則皆非太岳之宗矣。是孔《注》未可從者一也。以二十二人之數合之，則十二牧加以九官，而太岳特以一人總四方之任，適得二十二人，又不應如羲和之分而爲四矣。是孔《注》未可從者二也。且四岳又名太岳，則豈有四人而一名者？是孔《注》未可從者三也。但考《夏書》仲康之《胤征》，則似是時并爲一官，不知是重之後失其職而黎兼掌之，抑是黎并於重，世遠難考。司馬遷所以溷稱出於重、黎而不能辨也。謂四岳即羲和，亦不始於孔氏，伏生《大傳》中已言之。





**問**：「滎波既瀦」，鄭、賈以「波」爲「播」，古文作「皤」。或引《爾雅》，水自洛出曰「波」。或引《職方》，豫州之浸波溠，則不必改字矣。然畢竟《職方》《爾雅》，將安所從？

**答**：《職方》之「波」是也。波水出霍陽，入汝水，詳見《水經》。《禹貢》無治汝之文，而《孟子》有之。若明乎「波」爲霍陽之水，是即禹之治汝也。漢人所謂治一經必合五經而訓詁之者，此也。

**問**：《淮南子》言共工嘗治洪水，亦見於《竹書》。然則《堯典》「滔天」二字，蓋指治水而言，適與「驩兜方鳩僝功」之語相合。

**答**：是在故人龔明水嘗言之，但非也。《淮南》等所紀事，多與遺經不合，大半難信。《竹書》尤不足據。亭林先生喜引《竹書》，最是其失。但《淮南》所云共工治水，則原有之，而以之箋「滔天」二字，則又不可。何以知共工嘗治水也？《國語》太子晉曰「共工壅防百川，墮高堙庳，以害天下」。崇伯稱遂共工之過」，則是「方鳩僝功」，原指治水，《淮南》之言非無據。賈逵、韋昭以共工爲炎帝時之共工，是甚不然。蓋本文明言鯀襲共工之障水以致殛，則是先後任事者，而下又言四岳，即共工從孫，能佐禹以幹蠱，是共工即四凶之一無疑。蓋共工治水不効，鯀繼之，又不効也。但帝所云「象恭滔天」，則似不以治水言，蓋以《史記》考之，則作「似恭漫天」。古文每多通用，慆與滔通，慢與漫通，六書之例然也。故孔明曰「慆漫則不能研精」，而孔《傳》以爲傲狠，孔《疏》以爲侮上慢下。然則滔天者，慢天也，貌恭而心險，正與僞言僞行交肆其惡，故大禹以巧言令色當之，而《史記》亦言其淫僻，不可以下文洪水「滔天」二字，并指爲共工治水之罪狀也。班孟堅《幽通賦》「巨滔天以滅夏」，曹大家注：滔，漫也。夫新莽亦豈有治水之事？以是知古人之訓故別有屬也。是在明人文氏《琅琊漫抄》中嘗及之，而明水之說亦未當。

**問**：納於大麓，《孔叢子》謂如録尚書之録，似未可信。



**答**：三代安得有録尚書省之官，是乃東漢人語。《孔叢》所以爲後人所疑，指其依託者，此也。且即如所云，便是百揆之任，何以複出。而既是東漢以後之録相，則於風雷何豫？徐仲山曰：「大麓乃司空之掌，當時方治水，故舜或親視之。」其說近是。

**問**：商容之言行，孔《疏》引《帝王世紀》一條，是其言。厚齋《困學紀聞》引《韓詩外傳》一條，是其行。然《世紀》似可信，《外傳》似不可信。

**答**：善哉，去取之審也。據韓嬰謂商容欲馮于馬徒以伐紂而不能，自以爲愚；不争而隱，自以爲無勇。故武王欲以爲三公而辭之。夫商容仕於殷朝，而欲伐紂，是何舉動，豈止於愚！又謂不争而隱是無勇，蓋七國荒唐之徒所爲說，故早已見於燕惠王貽樂閒書中，要之不足信。商容不仕於周，自是伯夷一流，韓嬰之言，適以污之，厚齋先生亦不審耳。孔《疏》但引《世紀》，正是有斟酌也。

**問**：韋昭、酈道元以五觀即太康之五子。後人又以斟灌即五觀。若云太康之五子，則賢弟也。考五觀則畔臣，故漢人名其地曰畔觀，何不類也？若云即斟灌，則又相之忠臣也，何所適從？

**答**：以有扈氏與觀並稱，見於《春秋内傳》。以朱、均、管、蔡與觀並稱，見於《外傳》。而東郡之縣名畔觀，則其不良，亦復何説。唯是以五觀遂指爲太康之五弟，而因指洛汭之地爲觀，則古人亦已疑之。厚齋王氏曰：『五子述大禹之戒、仁義之言藹如也，豈若世所云乎？』但厚齋亦但以《尚書》詰之，而即韋、酈之説，其自相悖者，未盡抉也。夫東郡之畔觀，非洛汭也。觀既爲侯國，則五觀者，五國乎？抑一國乎？五國則不應聚於一方，一國則不可以容五子。況五觀據國以逆王命，又何須於洛汭之栖栖也？是按之地與事而不合者也。蓋五觀特國名，猶之三朡。今以太康之弟適有五，而以配之，則誣矣。然《内傳》尚無此語，《外傳》始以爲夏啟之姦子。夫以追隨太康之弟，而反曰姦、曰畔，則必其從羿而後可矣。蓋嘗讀《續漢書·郡國志》，曰『衛故觀國，姚姓』，乃恍然曰：『畔觀非夏之宗室也，而況以爲太康之同母乎？』是足以輔厚齋之説者也。

至若以斟灌即畔觀，則以皇甫士安曰『夏相徙帝邱，依同姓之諸侯斟灌、斟尋』。夫斟灌在帝邱，則是即東郡之畔觀，觀與灌音相同，故可牽合。而臣瓚又疏晰之曰：『斟尋在河南，太康居斟尋，即《尚書》所云徯於洛汭也。相居斟灌，即東郡之灌也。』引汲冢古文以證之。但考應劭又云：『斟尋在平壽。』京相璠曰：『斟灌即在斟尋西北，相去九十里。』杜預亦云：『二斟俱在北海。』夫臣瓚謂斟尋在洛汭，按洛汭有名曰鄩中，即周大夫鄩氏所居，適與洛汭合。而其去東郡之觀亦近，固似可據。然觀乃姚姓之國，則非夏宗室之斟灌矣。而靡奔有鬲，收合二斟之餘燼。鬲在平原，正與北海近，則二斟自在平壽，非河南與東郡也。吴斗南調停之，以爲二斟初在河南，爲羿所逼，棄國而奔平壽，是乃騎郵之詞，不足信也。蓋五子自是五子，二斟自是二斟，無從牽合。而畔觀則異姓。三分而勿施糾纏焉，則惑解矣。

曰：然則相之居帝邱，將誰依也？曰：是殆畔觀既平之後，而相遷焉，而二斟以東國之賦爲之捍衛，如晉文侯之輔周，未嘗不可。若必以爲依畔觀，則觀既畔矣，而爲啟之姦子，乃不數十年而又率德改行，爲相之忠臣。何前後之不符也？是皆展轉附會，而不能合者也。

**問**：《胤征》之篇，坡公以爲羲和忠於夏、貳於羿者，故非仲康之討之也。陳直卿最稱之，其信然乎？

**答**：未必然也。《夏本紀》最殘失，但以《尚書》及《左傳》考之：太康失夏都，居洛汭，是時羿但據夏都，尚未侵及三川也。故五子須於洛汭，仲康，當即五子之一。太康崩，仲康立，是時之夏，蓋如東遷之周，僅保洛汭，未必得還安邑。先儒以爲仲康爲羿所立，亦未必然。仲康雖不能除羿，然猶能自立，故命胤侯掌六師，征羲和，以稍剪其黨羽，則固勝於周之平、桓諸王矣。仲康崩，帝相更孱，羿始吞併及三川，而相因遷於帝邱，則羿篡夏之局遂成矣。讀《五子之歌》，而知仲康之能自立也。其卒未能除羿者，天未厭亂，惡貫或有待也。坡公之論雖奇，須知夏史豈有尚録羿書者乎？

**問**：《漢書·王莽傳》謂周公之子七人，而先生以爲八人，未知所出。

**答**：《左傳》：凡、蔣、邢、茅、胙、祭，支子凡六，則合禽父而七，固自有據。不知尚有世襲周公之爵者。厲王時，周定公以共和有大功，而《左傳》亦累有周公爲太宰，非八人乎？蓋禽父以元子受魯公，而次子世爲周公，其餘如凡、如祭、如胙、如茅，皆封畿内，邢、蔣則封於外。按《水經注》，則凡亦外諸侯也。

**問**：厚齋先生引《坊記注》，君陳乃禽父之弟也，而惜其他無所考。潛邱又引《詩譜》，以爲次子世守采地者。如先生言，得非即周公乎？

**答**：亦未可遽定也。坡公以爲君陳，蓋如君奭、君牙之儔，難確證其爲周公之子。然要之叔旦之後非七人，則已明矣。

**問**：水心先生謂『惟辟作福』三句，箕子之言亦可疑。意者殷之末造，紂雖諸事自專，而臣下必有竊其威福者，故作此語。不然，箕子不應爲此言也。愚意箕子之説所以戒枋臣，水心之説所以戒昏主，足以相輔而不相悖，是否？

**答**：賢者之説甚善。然三代而後，人君日驕，則水心詰箕子，是乃極有關係之言。畢竟二典説得圓融，曰：『天命有德，五服五章；天討有罪，五刑五用。人君奉天而已，刑賞原非己所得主。』然則惟辟而曰『作福』，便不本天命；曰『作威』，便不本天討。何嘗不凶於而身，害於而國也。箕子於此一層，未拈出也。且惟辟而曰『作福』，即有竊惟辟之福以作福者；曰『作威』，即有竊惟辟之威以作威者。而且其始也竊而行之，其究也肆無忌憚而作之，皆由於惟辟之不知奉天，而以威福爲己作也。然箕子於上文曰『無有作好，遵王之道。無有作惡，遵王之路』。所謂王道、王路，即是天命、天討，其義亦自互相備。豈知後世人君，專奉此三語爲聖書，而帝王兢業之心絶矣。『惟辟玉食』句，尤有疵。先儒謂荆公豐亨豫大之説，誤本於《周禮》『惟王不會』一語。不知《洪範》此語，亦自與此互有瓜葛也。

**問**：《呂覽》南宫括曰：『成王定成周，其辭曰：「惟予一人，營居於成周。有善，易得而見也；有不善，易得而誅也。」』《説苑》南宫邊子曰：『成王卜成周。其命龜曰：「使予有罪，四方伐之，無難得也。」』《淮南子》武王欲築宫於五行之山，周公曰：『五行險固，使吾暴亂，則伐我難矣。』君子以爲能持滿。《劉敬傳》：『周公營成周，以爲此天下中，有德易王，無德易亡。』或以爲武王，或成王，顧不見於營洛之篇，何也？

**答**：是乃後世附會之言。周公營東都，不過以爲朝會之地，未嘗令後王遷居之也。果爾，則王公設險守國之言，不應見之易矣。蓋設險守國，前王所以爲子孫計也。在德不在險，後王所以自省也。其言各有當，聖王固無私其後世長有天下之心，然亦豈有聽其易亡之理？若五行之山，乃太行也，其地雖險，而過於阨塞，自不可以爲都會，非謂其難亡也。三代以至今，太行之國孰不亡，而謂伐之難者？

**問**：召公年一百八十，見於《論衡》，信否？

**答**：此是傳聞之語。召公或謂是文王之庶子，或謂但是同姓，俱不可考。然要之其年則當與武周相肩隨。當成王之初，召公亦不下九十。歷成至康，不過四十餘年，而康王即位之後，召公不見，則已薨矣。周初諸老，固多大年，然周公九十九歲，太公百二十餘歲，畢公亦壽考，要之無及昭王之世者。若百八十，則及見膠舟之變矣，非召公之幸也。

**問**：《左傳》引《洪範》爲《商書》，何也？

**答**：是蓋殷之遺民所稱，而後人因之者。蓋曰「惟十有三祀」，則雖以爲《商書》可也。微子、微仲，終其二世不稱宋公，亦猶《洪範》之稱《商書》也。商之異姓臣子，如膠鬲，如商容，亦皆冥鴻蜚遯，不獨西山之老，可謂盛矣。

**問**：《史記》武王伐紂，卜龜兆不吉，群公皆懼，獨太公強之。按《尚書》孔《疏》亦引《六韜》：龜焦，筮又不吉。太公曰：「枯骨朽筮，不踰人矣。」厚齋謂《六韜》非太公所作，不足信。按《尚書》「朕夢協朕卜」，則《六韜》之妄明也。

**答**：引《泰誓》以詰《六韜》，甚佳。《左傳》昭七年，衛史朝已及之矣。然愚更有説於此：武王救民水火之中，所信者天，并不必卜，不必夢也。託夢、卜以堅衆心，則所自信者反薄矣。故《呂覽》載夷齊之言，謂武王揚夢以説衆。而顧亭林疑《泰誓》之爲僞者，此也。

〔問〕（此條問語及『問』『答』二字原缺，今僅補『問』『答』二字。）

〔答〕：湯之放桀，而有慙德，自是高於武王。梨洲黄氏曰：『有湯之慙，然後君臣之分著，而人知故國之不可以遽翦。有虺之誥，然後揖遜征誅之道一，而人知獨夫之不可以横行。』其言最精。武王遜湯正在此。周公之作《多士》曰『非我小國，敢弋殷命』，則亦似爲武王補此一節口過。斯周公之功所以大。

**問**：漢、魏十四家『六宗』之説，錯出不一，若何折衷？

**答**：類上帝，首及皇天后土也。則禋『六宗』，當爲天神，而後望山川，以及地示，然後遍於群祀。今或仍及天地，或并及山川，又或指人鬼而言，非雜複，則凌亂矣。『六宗』則當實舉其目，而或名雖六而實不副，或自以其意合爲六，或反多於六者之外，是信口解經也。故犯此數者之説，則其謬誤，不必詳詰而已見。是以伏生之天、地、四時，其説甚古。然於類帝有複。歐陽和伯變其説，以爲在天、地、四方之間，助陰陽，成變化。而李郃以爲六合之間，劉邵以爲太極沖和之氣，爲六氣宗。孟康以爲天地間遊神。則皆歐陽之説，無可宗而强宗之，揚雄所謂神遊六宗者也。孔安國引《祭法》，以爲四時、寒暑、日、月、星、水旱，則寒暑即時也。幽、雩乃有事而祈禱，非大祭也。説者以爲本之孔子。劉昭曰：『使其果出孔子，將後儒亦無復紛然者矣。』劉歆、孔光、王肅以爲水、火、雷、風、山、澤，是乾坤之六子，則兼山川而祭之。賈逵之天宗：以日爲陽宗，月爲陰宗，北辰爲星宗；地宗：以河爲水宗，岱爲山宗，海爲澤宗，同此失也。康成以《周官·小宗伯》四郊注中之星、辰、司中、司命、風師、雨師當之，則自司中而下，皆星也，六宗祇二宗。虞喜以地有五，總五爲一以成六。劉昭取之，則六宗祇一宗。司馬彪以日月星辰之屬爲天宗，社稷五祀之屬爲地宗，四方五帝之屬爲四方宗，是并群神皆豫矣，而覈之則六宗祇三宗。若張髦以爲三昭三穆，張廸以爲六代帝王，則無論是時曾備七廟之制與否，其六代果爲何帝何王，而要之不應以人鬼列於山川之上。若宋儒羅泌以爲天宗、地宗、岱宗、河宗、幽宗、雩宗，則無論經文之上下皆凌犯，而亦輕重不以其倫。明陶安以爲類上帝乃祭天，禋宗乃祭地，六者，地之中數也，則又本虞喜之説，而少變之。方以智以爲五方實有六神，曰重，爲句芒；曰黎，爲祝融；曰該，爲蓐收；曰脩、曰熙，爲玄冥；曰勾龍，爲后土。不知五人帝者，五天帝之配，豈容別列爲宗。近如惠學士士奇以《古尚書·伊訓》及《周禮》之方明爲六宗，以其上玄下黄，前青後黑，左赤右白，實備六合之氣。則亦上下四旁之説，而況是時尚未必有方明之祀。杭編修世駿謂是天地四嶽之神，亦少變伏、歐之説者。然天地已見於類帝，而四嶽則望山之所首及也。沈徵君彤以爲六府，亦非天神之屬，皆不免於上下文有牴牾。故愚嘗謂盧植以六宗爲《月令》祈年之天宗，其義甚長，而特是天宗之目不著，則孔、鄭兩家之説，皆得附之，而無以見其爲六。然則天宗之六者，何也？曰：即《左傳》之六物也。六物者，曰歲，謂太歲也；曰時，謂四時；曰日、曰月、曰星，則二十八宿也；曰辰，則十二次也。是六者，皆天神也。天神之屬，無有過於此六者。有時舉四時而析之，與歲、日、月、星、辰並列，則謂之九紀。《逸周書》周公曰：「在我文考，順道九紀，一辰、二宿、三日、四月、五春、六夏、七秋、八冬、九歲。」又曰九星，《周書》日、月、星、辰、四時、歲，是謂九星。王深寧曰：九星即九紀也。有時舉歲、日、月、星、辰，而不及時，則謂之五位。《國語》武王伐殷，歲在鶉火，月在天駟，日在析木之津，辰在斗柄，星在天黿，蓋舉五位而知其時之爲冬也。有時舉日、月、星、辰，而不及歲時，則曰四類。深寧解《周禮》之四類，以此四者當之。蓋舉四者，而歲時從可知也。有時舉日、月、星，而不及三者，則曰三光，又曰三辰。蓋以日、月該歲時，以星該辰也，是皆隨意錯舉者。若祭則必定爲六，故曰六宗。《尚書》之禋，禋此六者。《月令》之祈年，亦祈此六者也。或曰康成之説，謂郊之祭，大報天而主日，祭以月。日月不宜尚在六宗，何與？曰：是亦不然。日月配天，不宜列六宗，嶽瀆配地，何以列望祀也？是又不足誚也。

問：《今文尚書·傳》，以『七政』爲『七始』。《古文尚書·傳》以『七政』爲『七緯』。歷代言《尚書》者，多主『七緯』。而葉夢得尤詆伏生之言。近世李穆堂詹事攻《古文》之僞，乃力主『七始』之説。然不知《古文》孔《傳》無《舜典》，《今文》孔《傳》、《舜典》一篇，乃王肅本。而康成解《書》，已主『七緯』，鄭、王皆伏氏之學，則於孔《傳》無豫也。是否？

答：『七律』出於《國語》，以配『七始』，又謂之『七元』，見劉昭注《漢志》，其説最古。《隋志》亦曰『七衡』，但春、夏、秋、冬，不應與天、地、人並列爲七。蓋四時皆天運，而人事成之，言天、地、人，則四者在其中矣。況璣衡亦祇可用於天耳，其於地，則土圭水臬，別有其器。而於人，則竟無所用之。不若『七緯』之於璣、衡爲切也。即『七律』，亦不應配『七始』也，《記》不云乎：『宫爲君，商爲臣，角爲民，徵爲事，羽爲物。』二變者，五音之餘耳。今以天、地、人配宫、商、角，而徵、羽合二變，以隸四時，則參錯不齊，非自然之法象矣。是雖出於周、秦諸儒之説，而實則不足爲據者也。若謂五星之名，始見於《甘石》，唐虞時所未有，則不足以難鄭氏。五星之以五行爲名，始於《甘石》，要之熒惑、歲填、太白諸象，昭回於天者，非《甘石》始有也。經文未嘗有五星之目，而撫於五辰，則即《尚書》語也。以日月五辰言『七政』，何不可之與有？故愚以爲『七政』當以鄭氏之説爲長。若漢以後人言『七律』，亦有不用『七始』而配『七緯』者。《五代會要》王仁裕曰：黄鍾爲土，太蔟爲金，姑洗爲木，林鍾爲火，南吕爲水，應鍾爲月，蕤賓爲日，謂之『七宗』，則并『七律』而亦以『七緯』配矣。然五正音反配五辰，而二變反配二曜，則豈有二曜而反爲五辰之餘者？斯其説亦未合。要之『七政』之爲『七緯』，非『七始』，確然無疑。而『七律』，則在《國語》，祇以自子至午之『七同』當之，不必以『七始』相牽合也。若《史記》以北斗七星爲『七政』，馬融用之。然其説亦謂北斗七星，第一主日，法天；二主月，法地；三命火，主熒惑；四煞土，主填；五伐水，主辰；六危木，主歲；七罰金，主太白。則亦本『七緯』而言，並非以璣、衡二星爲附會，是又可以見『七始』之説，自伏生以後，未有用之者也。若《漢志》引《益稷篇》『六律、五聲、八音，在治忽』，而以末三字作『七始』，則更失之。蓋使專以『七始』言『七政』，則是六律、五聲、八音之所從生，不應反序其下。若以『七始』

即『七律』，則二變聲作於牧野，而歌《南薫》之時無有也。

問：古之言三江者極多，以沈存中之該博，亦云莫知孰爲三江者。故前輩以爲按今所行大江以求三江，猶按漢所行大河以求九河，必不可得。此最合聖人闕如之旨。然群説之紛綸，要不可不考也。

答：三江之説，其以中江、北江、南江言之者，漢孔氏《傳》，據經文謂有中有北，則南可知，是爲三江。其道則自彭蠡分爲三，而入震澤；自震澤復分爲三，入海。按江、漢之水，會於漢陽，合流凡數百里，至湖口與豫章江會，會數千里而入海，即所謂彭蠡也。然則江至彭蠡并三爲一，未嘗分一爲三，況震澤在今之常、湖、蘇三府地，自隋煬帝鑿江南河，始與江通，當大禹時，江湖何自而會？且大江又合流入海，未聞三分，故前輩謂安國未嘗南遊，全不諳吴、楚地理。是《書傳》之説非也。





班孟堅《地理志》，指松江爲南江，指永陽江、荆谿諸水爲中江，指大江爲北江。司馬彪《郡國志》因之。此與《書傳》所言，本自不同，乃孔穎達引以證傳，而司馬貞入之《索隱》。王荆公亦取其説，但其所謂中江出丹陽蕪湖縣，西南至會稽陽羨縣東入海者。按陽羨，今之宜興，與丹陽雖相接，而兩境中高，又皆有堆阜間之，其水分東西流，江之在陽羨者，固可通海，而蕪湖之水皆西北流，合寧國、廣德、宣、歙諸水，北向以入大江，安得南流以上陽羨也？夫諸水本皆支流，不足以當大江，經文明有中江，而乃背之，甚屬無謂。乃或言《地理志》之中江，在洪水時原有之，禹塞之以奠震澤。則何不云三江既塞？是地志之説尤非也。

《水經》謂江至石城分爲二，其一即經文所謂北江者也。南江則自牛渚上桐水，過安吉縣，爲長瀆，歷湖口，東則松江出焉，江水奇分，謂之三江口，東至會稽餘姚縣東入海，其於中江闕焉。不知桐水，今之廣德；長瀆，今之太湖，其中高，水不相通，亦猶丹陽之與陽羨。而南江既爲吴松，安得更從餘姚入海？故胡朏明疑『東則松江出焉』十五字乃注之誤混於經者。蓋《地志》以松江爲南江，《水經》以分江水爲南江，酈元欲援《水經》以合《地志》，故曲傅之。總之，與《禹貢》不合。是《水經》之説又非也。

鄭康成書注，左合漢爲北江，會彭蠡爲南江，岷山居其中，則爲中江。康成未嘗見《書傳》，然其説頗與之合，特不言入震澤耳。唐魏王泰《括地志》謂《禹貢》三江，俱會彭蠡，合爲一江入瀨。夫合爲一江，則仍不可以言三江。故眉山以味別之説輔之。古之言水味者，本諸唐許敬宗，但大禹非陸羽一種人物，則蔡九峯之所難，不可謂其非也。是書注之説亦非也。

盛宏之《荆州記》，江出岷山，至楚都，遂廣十里，名爲南江。至尋陽，分爲九道，東會於彭澤，經蕪湖，名爲中江。東北至南徐州，名爲北江，入海。此本《漢·地理志》舊注：岷山爲大江，至九江爲中江，至徐陵爲北江，蓋一原而三目，今載在《初學記》中，而徐氏注《説文》宗之。但此則仍一江，非三江也。其與孔、鄭別者，不過一以南江爲大江之委，一以爲原，暮四朝三，不甚遠也。則《荆州記》之説亦非也。



賈公彦《周禮疏》襲孔、鄭之説而又變之，謂江至尋陽，南合爲一，東行至揚，復分三道入海。但彭蠡在尋陽之南，幾見江、漢之分，至尋陽始合，而大江之合，至彭蠡又分者。則《周禮疏》之説亦非也。

《初學記》又引郭景純《山海經》：三江者，大江、中江、北江，汶山郡有岷江，大江所出；崍山，中江所出；崌山，北江所出。此在《山經》，原未嘗以之言《禹貢》之三江，而楊用修因謂諸家求三江於下流，曷不向上流尋討。蓋三江發原於蜀，而注震澤。《禹貢》紀其原以及其委。用修多學，乃不考大江、震澤之本不相通，且亦思三江盡在夔峽以西，安得越梁而荆而紀之揚，況《山海經》安足解《尚書》也？試讀《海内東經》，又有『大江出汶山，北江出曼山，中江出高山』之語，是又一三江也，是固不足信之尤者也。其以松江、東江、婁江言之者，張守節謂在蘇州東南三十里，名三江口：一江西南上七十里至大湖，名曰松江，古笠澤江；一江東南上七十里至白蜆湖，名曰上江，亦曰東江；一江東北下三百餘里，名曰下江，亦曰婁江。是本庾杲之《吳都賦注》，而庾又本顧夷《吴地記》。《吴越春秋》所謂范蠡乘舟出三江之口，與《水經》所云『奇分』者也。陸德明已引之，守節始專主其説，而薛季龍、朱樂圃、蔡九峯皆以爲然。但據諸書，皆云三江口，而不以爲三江。況東婁爲吴松支港，近在一葦，故孔仲達即已非之，謂不與《職方》同。今考《吴都賦注》，則東江、婁江並入海。據《史記正義》，則僅婁江入海。然則三江仍屬一江，而東、婁二江，至今無考。則《吴地記》之説亦非也。

《虞氏志林》謂松江到彭蠡，分爲三道。其所謂三道者，大抵即指松江、東江、婁江而言，則更紕繆之甚者。彭蠡爲中江、北江、南江之會，其水既入大江，即從毗陵入海。而松江之水，乃從吴縣入海，安得至彭蠡也？則《志林》之説尤非也。

黄東發力主庾、張，而又疑之，謂予嘗泛舟至吴松，絶不見所謂東、婁二江者。考之《吴志》，有白蜆江、笠澤江，意者即古所謂三江者耶？不知白蜆江即東江，笠澤江即松江，東發既失記張氏原注，而又懸揣之。是《日抄》之説亦非也。

金仁山曰：『太湖之下三江，其説有二：一謂吴松江七十里，中爲松江，東南爲婁江，北爲東江；一謂太湖之下原有三江，吴松乃其一耳。』則亦疑松江、婁江、東江之未足以當三江，而别設一疑軍以岐之。究之别有江者，果何江也？是又欲爲之辭而不得者也。若韋曜則又謂吴松江、浙江、浦陽江爲三江，其意以大江之望，已舉彭蠡，於是南及松江，又南則及浙江，又南則及浦江。然浦江導源烏傷，東逕諸暨，又東逕始寧，又東逕曹江，然後返永興之東，與浙江合，則特錢唐之支流耳，安能成鼎足哉？或且祖《吴越春秋》，以浙江、浦江、剡江爲三江，則浦江原不過浙江之附庸，而剡江并不能與浦江並。大江以東，支流數百，使隨舉而錯指之，可乎？惟《水經·沔水下篇》注引郭景純曰：『三江者，岷江、松江、浙江也。』《初學記》誤引以爲韋曜之言。蓋自揚州斜轉，東南揚子江，又東南吴松江，又東南錢唐江，三處入海，而皆雄長一方，包環淮海之境，爲揚州三大望。南距荊楚，東盡於越，中舉勾吴，此外無相與上下者。

恰合《職方》大川之旨，即《國語》范蠡曰：「與我争三江五湖之利者，非吴也耶？」子胥曰：「吴之與越，三江環之。」夫環吴、越之境，爲兩國所必争，非岷江、松江、浙江而何？善乎，《蔡傳旁通》曰三江不必涉中江、北江之文，而止求其利病之在揚州之域，則水勢之大者，莫若揚子大江、松江、浙江。經文記彭蠡之下，何爲直舍大江，而遠録湖水之支流？則中江、北江之與三江，本不相合明矣。況岷江入，則彭蠡諸水皆從矣。鄭、孔諸家所謂中江、北江、南江者，已足該之。松江入，則具區諸水皆從矣，庚、張諸家所謂松江、東江、婁江者，已足該之。浙江入，則浦陽諸水皆從矣，韋、趙諸家所謂浙江、浦江、剡江者，已足該之。蓋既舉三大望，而諸小江盡具焉。是諸説皆可廢也。

嘗考宋淳熙間，知崑山縣邊實作縣志，言大海自西渒分南北，由斜轉而西朱陳沙，謂之揚子江口；由徘徊頭而北黄魚垛，謂之吴淞江口；由浮子門而上，謂之錢唐江口，三江既入，禹迹無改。是其説最得之。乃有疑大江衹一瀆耳，不應既以表荆，復以表揚。不知江漢朝宗之文，尚兼漢水言之，至揚始有專尊，



況自南康至海門，直下千五百里，不得專屬之荆也。試以《禹貢》書法言之，淮海惟揚，海岱惟青，海岱及淮惟徐，倘謂著之一方，即不得公之他所，則是夏史官亦失書法也。又有疑禹合諸侯於會稽，在攝位以後，若治水時，浙江未聞疏導，不得豫三江之列。不知《禹貢》該括衆流，不應獨遺浙江，而會稽又揚州山鎮所在，必無四載不至之理。其不言於導水者，或以施功之少，故略之耳。若顧寧人疑古所謂中江、北江、南江，即景純所謂三江。北江，今之揚子江也；中江，今之吴淞江也，東迤北會爲匯，蓋指固城、石臼等湖；不言南江，而以三江見之，南江，今之錢唐江也。則愚又未敢以爲然。據先儒，固城等湖是闔廬伐楚開以運糧者。況經文中江，明指大江，似無容附會也。若胡朏明既主康成之説，又以秦、漢之際别有三江，以分江水，東歷烏程，至餘姚，合浙江入海者爲南江；以蕪湖水東至陽羡，由大湖入海者爲中江；合岷山爲北江。其説雖無關《禹貢》，而亦屬不考。分江水發安慶，至貴池，即有山谿間之，何由東行合浙？蕪湖之水，其北入江者，既不别標一名，其東由太湖入海者，安得

復言江也？朏明將正《漢志》《水經》之失，而不知自出其揣度之詞矣。景純之説，黄文叔頗不以爲然。其後季氏囧始引之，東匯澤陳氏暢之，歸熙甫因爲定論。愚竊以景純之説爲不易云。

問：昔陸文安公在荆門，以《皇極講義》代醮事，發明自求多福之理，軍民感動。朱子摘其《講義》中「大中」之説，力詆之，以爲荆門之教，是乃斂六極也。愚以爲陸子於從宜從俗之中，而寓修道修教之旨，不必以訓詁之屑屑，從而長短其間。且朱子謂近人言「大中」者，多爲含宏寬大之言，其弊將爲漢元唐代。此其説，謂有爲言之則可，若因後世之弊，而遂謂「大中」之不可以解經，無乃過乎？

答：是固然矣。然後儒之排朱子者，必欲以「皇極」爲「大中」，以爲漢、唐以來舊解盡同者，則愚又未敢以爲信也。據謂皇之爲大，《六經》皆然，未有訓「君」字者，惟《大雅》「皇王烝哉」，《顧命》「皇后憑玉几」，《吕刑》「皇帝清問下民」，皆與「君」字相近，而實皆訓大，即王字亦訓大，如王父稱大父也。愚不敢遠引，即以漢儒《尚書》之學證之，《洪範五行傳》「皇之不極，是謂不建」，繼之曰：「皇，君也。極，中也。」康成據《大傳》皇作王，曰：「王，君也。不名體而言王者，五事象五行，則王極象天也。極，中也。王象天以情性覆成五事，爲中和之政也。」《傳》又曰「時則有射妖」，康成曰：「射，王極之度也。射人將發矢，必先於此儀之，發則中於彼矣。君將出政，亦先於朝廷度之，出則應於民心矣。」《傳》又曰：「時則有下人伐上之痾。」康成曰：「夏侯勝説，伐宜爲代，君行不由常，王極氣失之病也。天於不中之人，恒耆其毒，以賢代之。」《漢書》有曰：「皇極，王氣之極。」然則漢人之以皇訓君，伏生言之，大夏侯、劉向言之，鄭氏亦言之。其以爲大者，衹孔氏耳。孔氏之説，不先於伏氏，是固不必以《六經》之皇無訓君者，而遂强《洪範》而就之也。若夫六書之旨，則《爾雅·釋詁》曰：「皇，君也。」是亦小學之書之最古者也。或謂皇極一疇，所以稱人主者，並曰汝，而獨「皇建其有極」「惟皇作極」「皇則受之」「時人斯其惟皇之極』，四語稱君，以爲不類，則古人文例，恐又不當以此論之也。朱子謂如孔《注》則『惟大作中』『大則受之』，皆不成語。或以爲是乃古人詰屈之辭，夫辭之詰屈無傷，然『惟大作中』，則大與中有兩層，其言支離而難通矣。是故極之訓中可也，而皇則必以君解之。且愚嘗讀《後漢書》而更有悟焉，馬融對策引《書説》曰：『大中之道，在天爲北辰，在地爲大君。』蔡邕對詔問曰：『皇之不極，惟建大中之道，則其救也。』然則即如孔《傳》，亦豈能離君而言之哉？愚生平於解經，未嘗敢專主一家之説，以啟口舌之争，但求其是而已。故謂陸子以『大中』言皇極，而遂有妨於治道，此説之必不可通者。若『皇極』之解，則固當宗朱子。鄭筠谷宫贊嘗不滿朱子『皇極』之説，謂予曰：『是殆爲建中靖國言之也。』予疑汴京之事已遠，朱子所指，未必在此。偶讀周正字南仲對策曰：『陛下聰明，爲小人蔽蒙者有三：一曰道學，二曰朋黨，三曰皇極。夫仁義禮樂是爲道，問辨講習是爲學。人有不知學，學有不聞道，皆棄材也。古人同天下而爲善，故得謂之道學，名之至美者也。小夫譖人，不能爲善，而惡其異己，於是反而攻之，而曰此天下之惡名也。陛下入其説，而抱材負學之士，以道學棄之矣。惡名既立，争爲畏避，遷就迎合，掃跡滅影，不勝衆矣。小夫譖人猶不已，又取其不應和而罵譏者，亦例嫌之，曰：我則彼毁，爾奚默焉？是與道學相爲黨爾。陛下又入其説，而中立不倚之士，以朋黨不用矣。舉國中之士，不陷於道學，則困於朋黨矣。唯其不能可否，而自爲智，無所執守，而自爲賢。然後竊箕子公平正直之説，爲庸人自便之地，而建皇極之論起矣。夫箕子所謂有爲、有猷、有守，是有材、有道、有操執之人也，汝則念之，斯須不可忘也。不協於極而亦受之，謂其雖有偏，而終有用，亦當收拾而成就之也。今所謂道學朋黨者，正皇極所用之人也。奈何棄天下之有材、有道、有操執者，取其庸人外若無過、中實姦罔者而用之，而謂之建皇極哉？其故無他，闒冗適尊異，凡庸當奮興，天下大禍始於道學，終於皇極矣。』乃知朱子所指，直是當時鄭丙一流議論。然以此譏陸子，得非所謂室於怒、市於色者耶？

## 卷三　詩問目答張炳

**問**：正樂、正詩，或分爲二，或合爲一。先生謂正詩乃正樂中事，蓋正樂之條目多，有正其僭者，如宮懸不應用於諸侯，曲懸不應請於大夫，舞佾、歌雍皆是也。有正其有司之失傳者，如《大武》之聲淫及商是也。有正其節奏之紊者，如翕純皦繹之條理是也。有正其聲而黜之者，如鄭、衛、齊、宋四聲，以及北鄙殺伐之響是也。有正其容者，如《大武》之致左憲右是也。有正其器者，如歌《韶》必以首山之竹、龍門之桐是也。有正其名者，如《大武》之樂，據泠州鳩語，別有四名，疑其不可爲據是也。而最大者在《雅頌》之失所，此最爲詳盡曲當。唯是《雅頌》之所，先生歷舉《左傳》《大戴·投壺》，并石林葉氏、竹村馬氏，以及《毛傳》異同，幸科分而條晰之。

**答**：今人所共知者，如《左傳》寧武子之《湛露》《彤弓》，其一條也。叔孫穆子之《肆夏》《文王》，其一條也。是皆《雅》之失所者也。《大戴禮·投壺



篇》：『凡《雅》二十六篇。八篇可歌，《鹿鳴》《貍首》《鵲巢》《采蘋》《采蘩》《伐檀》《白駒》《騶虞》也。又八篇廢不可歌。其七篇《商》《齊》，可歌也。三篇間歌。』按《投壺》之文最古，故列於經，而其説不可曉。《二雅》之材一百五，而以爲二十六，不可曉者一也。《白駒》是變《雅》，今列之正《雅》，不可曉者二也。八篇之中，《鹿鳴》《白駒》，一正一變。《貍首》據康成以爲曾孫侯氏之詩，則亦在《雅》。而《鵲巢》四詩是《南》樂，亦列之《雅》，不可曉者三也。《伐檀》則直是變《風》，亦列之《雅》，不可曉者四也。就中分別言之，《南》之溷於《雅》，猶之可也。變《雅》之溷於正《雅》，不可也。變《風》之溷於變《雅》，猶之可也。遂溷入於正《雅》，不可也。至若《商》《齊》七篇，不知是何等詩？據《樂記》，《商》者五帝之遺聲，則康成以爲《商頌》者謬。《齊》者，三代之遺聲，是皆在《雅頌》以前，何以《投壺》亦竟指爲《雅》詩？不可解者五也。是非《雅》之失所者乎？固不僅如《左傳》所云也。考之漢、晉之世，尚仍《投壺》之説，用之廟堂，是孔子雖曾正之，而世莫知改，可嘆也。若石林葉氏之

言，尤前人所未發者。吴札觀樂，以《大雅》爲文王之德，以《小雅》爲周德之衰，猶有先王之遺風。則是所奏之《小雅》皆變《雅》，蓋并《板》《蕩》等詩，凡變《雅》皆誤合之以爲《小雅》；所奏之《大雅》，皆正《雅》，并《鹿鳴》《伐木》等詩，凡正《雅》皆誤合之以爲《大雅》。是失次之尤者也。此蓋本於劉炫，以正杜預之謬，而以解《雅》之失所，最精。袁清容曰：『《小雅》而曰周德之衰，是歌《六月》至於《何草不黄》矣。《鹿鳴》至於《菁莪》，皆美詩，何言乎周德之衰乎？《大雅》誠文王之德矣，然《民勞》至於《召旻》，刺亂也，何文王之德乎？故可以合樂者，《小雅》至《菁莪》而止，《大雅》至《卷阿》而止。』按清容似未見石林之説，而適與之合。然諸書所言，皆是《雅》之失所。若《頌》之失所，則石林亦頗鶻突。愚以《毛傳》考之，《絲衣》，繹賓尸也，而高子以爲祭靈星之尸，則必是時有用之靈星者。楚莊述《大武》之三章曰《賚》，六章曰《桓》，卒章曰《武》。而今所傳，則《桓》先於《賚》，《武》又先於《桓》，故杜預曰『是楚樂歌之次第』，是皆《頌》之失所也。而尤善者，竹村馬氏之言，謂穆叔不拜《肆夏》，以爲是天子所以享元侯。夫《肆夏》，《頌》也，而何以濫入於《雅》，天子取以享元侯乎？是必舊時沿習如此。故穆叔雖知禮，不知其非。穆叔尚然，況其餘乎？蓋魯以禘樂享賓，則凡《頌》皆以充《雅》，而用之燕禮，至孔子始正之。夾漈曰：『《南》濫於《雅》，猶之可也；《頌》濫於《雅》，不可也。』

**問**：然則《商》《齊》之詩，何詩也？

**答**：竹村嘗言，《康衢》，《風》之祖也。《喜起》《南風》，《雅》之祖也。《五子之歌》，變聲之祖也。是皆《商》《齊》之遺也。以是推之，即放齋所云：『太始天元之策，包羲罔罟之章，葛天之八闋，康衢之民謡，古詩所始者也，皆《商》聲也。』蓋《商》聲有正而無變，《齊》聲則有正、變二者。《大傳》所云『大訓大化，九原六府』，皆禹樂章，而《九辯》見於《山經》，統之則九功九德之九歌也。《吕覽》所云『晨露』，是湯樂章，皆《雅》之祖也。《五子之歌》以下，變聲日多，如《麥秀》，如《采薇》，如微子之閔殷，如《祈韶》，皆變聲也，則皆《齊》聲也。其中或多依託，故夫子不録。

**問**：然則程文簡公泰之謂《詩》，除《雅》《頌》《南》《豳》之外，皆不入樂。顧亭林力宗之，而先生不以爲然，何也？

**答**：古未有《詩》而不入樂者，是乃泰之謬語也。特宗廟朝廷祭祀燕享不用，而其屬於樂府，則奏之以觀民風，是亦樂也。是以吴札請觀於周樂，而列國之風並奏焉，不謂之樂而何？古者四夷之樂，尚陳於天子之廷，況列國之風乎？亭林於是乎失言。況變《風》亦槩而言之，《衛風》之《淇澳》，《鄭風》之《緇衣》，《齊風》之《鷄鳴》，《秦風》之『同袍同澤』，其中未嘗無正聲，是又不可不知也。清容曰：『亦有非祭祀告神之詩，而謂之《頌》者，《敬之》《小毖》《振鷺》《閔予小子》諸篇是也。』按此非頌而附於頌者，以其不類雅之音節也。試取諸詩讀之可見。

**問**：野處洪文敏公曰：『衛宣公父子事，《毛詩》《左氏》皆有之。但宣公以隱公四年十二月立，至桓公十二年十一月卒，凡十九年。姑以嗣位之始，即行烝亂，而急子即以次年生，勢須十五年然後娶。既娶而要之，生壽及朔，一能救兄，一能奪嫡，皆非十歲以下兒所能辦也。然則是十九年中，如何消破？』野處之言如此，何以解之？

**答**：是在《春秋》孔《疏》中已及之。蓋宣公乃莊公之庶子，而夷姜則莊公之諸姬也。莊公卒，長子桓公在位十六年，方有州吁之難，而宣公立，則烝亂之行，當在前十六年之中，有子可以及冠。『魚網離鴻』，即宣公嗣位初年事也，其年足以相副矣。雖然，愚尚有以補孔《疏》之遺者。桓公在位，則先君之嬪御自尚在宮中，宣公方爲公子，而謂出入宮中，烝及夷姜，公然生子，則宮政不應如此之淫蕩也。桓公當早被《鶉奔》之刺矣。故此事畢竟可疑，《史記》以夷姜爲宣公之夫人，而毛西河力主之，亦因此疑竇而求解之。然凡《史記》與《左氏》異者，大抵《左氏》是而《史記》非。且此等大事，《左氏》不應無據而妄爲此言，惜乎孔《疏》未及也。是亦但可闕之以爲疑案者也。

問：《唐風・楊水》諸詩，序與《史記》合，華谷嚴氏以爲不然。考之《左氏》，則似華谷之言爲是。朱子仍依序説，蓋華谷後朱子而生，未得見其《詩緝》也。先生以爲然否？

答：曲沃自桓叔至武公，祖孫三世，竭七十年之力而得晉，皆由晉之遺臣故老，不肯易心故耳。是真陶唐之遺民，而文侯乃心王室之餘澤也。《詩序》《史記》之言俱謬，今以其曲折次之。平王三十二年，晉大臣潘父弒昭侯，迎桓叔。桓叔將入，晉人攻之。桓叔敗歸，晉人誅潘父，立孝侯，由是終桓叔之世不得逞，此一舉也。四十七年，莊伯弒孝侯，晉人不受命，逐之，而立鄂侯，是再舉也。桓王元年，莊伯伐晉，而鄂侯敗之，乘勝追之，焚其禾，此事不見於《左傳》，而《史記》有之。曲沃懼而請成，是三舉也。二年，莊伯合鄭、邢之師，請王旅以臨晉，鄂侯奔隨，而晉人立哀侯以拒之，是四舉也。三年，晉之九宗五正，復逆鄂侯入晉，使與哀侯分國而治，其不忘故君如此。十二年，陘庭召釁，哀侯被俘，晉人立小子侯以拒之，是五舉也。十六年，曲沃又誘小子侯殺之，而周救之，晉人以王命立哀侯之弟，是六舉也。於是又拒守二十七年，力竭而亡，而猶需賂取王命以脅之，始得從。然則以爲將叛而歸者，豈其然乎？當是時，曲沃豈無禮至之徒，而要之九宗五正，不可以潘父及陘庭之叛者，槩而誣之，是則華谷之言，確然不易者也。故近日平湖陸氏曰：「『素衣朱襮，從子於沃』，蓋發潘父輩之陰謀以告其君，使得爲防也。『彼其之子』，則外之也。」

問：朱竹垞曰『劉向所述皆《魯詩》』，未知果否？其亦有所據否？

答：劉向是楚元王交之後，元王曾與申公同受業於浮邱伯之門，故以向守家學，必是《魯詩》。然愚以爲未可信。劉氏父子皆治《春秋》，而歆已難向之説矣，安在向必守交之説也。向之學極博，其説《詩》，考之《儒林傳》，不言所師，在三家中，未敢定其爲何詩也。竹垞之説，本之深寧，然以《黍離》爲衛急、壽二子所作，見於《新序》，而先儒以爲是《齊詩》，則不墨守申公之説矣。

問：『往近王舅，南土是保』，朱子曰：『近，辭也。』其義頗不可曉。李厚菴曰『往保南土，王舅是近』，亦是強爲之詞。嚴華谷訓作已。皆難通，幸明示之。

答：華谷之釋，即朱子之釋也。蓋《毛傳》本訓作已，康成曰：『近，辭也，聲如「彼記之子」之「記」。』孔《疏》：『嘆而送之，往去已，此王舅也，近、已其聲相近。』陸氏釋文：『近讀作記。』是華谷與朱子本同也。按《詩》『彼其之子』之『其』，一作『記』，亦有用本字者，《園有桃》詩也；有轉作忌字者，《大叔于田》詩也；有轉作近字者，是詩是也。往近，猶云往矣也。朱子用其解而遺其音，以致後人不曉，而厚菴則不知而漫釋之。

問：《蒹葭》之詩，序曰：『刺襄公也。』朱子曰：『不知其何所指。』厚齋則曰：『感霜露也。』近日李天生以爲秦人思宗周，『在水一方』，指洛京也。竹垞稱之，謂前人所未發。而先生曰：『亦曾有道過者。』敢問所出。

答：天生秦人，以是歸美秦俗之厚。在天生固屬自得之言，而魏仲雪早嘗及之。其曰『秦人不復見周室威儀，而隱然有美人之感也』。然則以序參之，曰『刺襄公』者，亦是。蓋試讀《秦風》，急公勇戰之意，固其招八州而朝同列之兆。而寺人、媚子，亦屬景監、趙高之徵，先王之有勇知方者，不若是也。詩人以是益睠懷於故國也。朱謀㙔曰『是故老之遁跡者，刺襄公不能招致之』，亦互相發也。厚齋之言更蹈空。

問：南軒於《渭陽》之詩，何責康公之深也？

答：宋儒每多迂刻之論，而宣公最少，若此條則犯之矣。令狐之役，晉負秦，秦不負晉也。康公之送雍曰『文公之入也無衛，是以有呂、郤之難』，乃多與之徒卒，依然渭陽之餘情也。晉人乞君，秦人答之，有何覬覦，而以爲怨，欲害乎良心，則似不讀《左傳》矣。如宣公言，將晉人召雍而康公留之不遣乎？以是爲論世，則不可謂非一言之不知也已。

問：《左傳》楚子之言以《賚》爲《大武》之三章，以《桓》爲《大武》之六章，以《武》爲《大武》之卒章。杜元凱曰『不合於今《頌》次第』。蓋楚樂歌之次第，孔仲達曰：『今《頌》次第，《桓》八，《賚》九。』按《毛傳》，八九之次未聞。

答：仲達蓋取三十一篇合數，其所告於武王者而次第之，皆以爲《大武》之樂。《昊天有成命》第一，《毛傳》不以爲兼祭成王之詩。《時邁》第二，《執競》第三，《毛詩》不以爲兼祭成王、康王之詩。《有瞽》第四，《載見》第五，《武》第六，《酌》第七，《桓》第八，《賚》第九也。然以序考之，則似止以於皇《武王》一篇爲《武》，并《賚》與《桓》皆不以爲《武》也。況《酌》即是《勺》，別是舞名，見於《内則》，則不在《大武》之內。而《昊天》《執競》二詩，確是康王以後之詩，則是三、六之次固非，八、九之次亦非也。且《武》在第六，何也？是所當闕者也。



問：溱水有三，而見於經者，惟鄭之溱。先生以爲祇二溱，鄭之水當作潧，是據《說文》。不知他尚有所證否？

答：溱水在《說文》，以出桂陽之臨武者當之。而《水經注·汝水篇》亦有出平輿之溱，所謂二溱者也。鄭之水，《說文》本作潧，《水經》亦作潧，《說文》引《詩》亦作潧，《水經》引《國語》亦作潧，以是知古文皆不作溱也。故陸氏《釋文》亦疑焉。今以其音爲溱，而遂溷之，盡改《詩》及《春秋內外傳》并《孟子》之潧皆作溱，誤也。故《水經注》雖多譌謬，然不可廢者，此類是也。潧水一名鄶水，故檜國也。程克齋因此以爲一名澮水，則又非也。澮水在河東，見《水經注·汾水篇》，而灌水在淮南，亦一名澮。以潧爲澮，豈可乎？克齋精於釋地，不知何以失之。

問：亭林先生謂『薄伐玁狁』之太原，非《尚書》之太原。按朱、呂、嚴三家，皆以爲即今陽曲，而亭林力非之。是否？

答：亭林是也。周之畿内自有太原，故宣王料民於太原。若以晉之太原當之，則踰河而東，以料民於藩國，有是理乎？《爾雅》『廣平曰原』，《公羊傳》『上平曰原』，《尚書大傳》曰『大而高平者，謂之太原』。蓋太原字義，原不必有定在。《春秋説題辭》『高平曰太原』，斯平凉一帶，所以亦有太原之名。先儒所以謂太原爲陽曲者，孔穎達曰：『杜氏謂千畝在西河之介休，則王師與姜戎在晉地而戰。』按《左傳》『晉文侯弟，以千畝之戰生』，則千畝似晉地也。而《九域志》『古京陵在汾州，宣王北伐玁狁時所立』，則亦以太原爲晉陽也。予謂周之畿内，蓋亦別有若干畝者，非即西河之介休。其時晉人或以勤王至畿内，戰於千畝，而成師生，亦未可定。蓋千畝乃籍田，亦應在畿内，不應渡河而東，卜地於介休。是皆當闕如者也。

問：漆、沮二水，《禹貢》與《詩》並有之，然其説不一。《漢志》：『右扶風有漆縣，漆水在西，東入渭。』闞駰《十三州志》亦同。是漆水也。《水涇》：『沮水出北地郡直路縣，東入洛。』是沮水也。王厚齋曰：據此，則沮自沮，漆自漆，而孔氏引《水經》『沮水俗謂之漆水，又謂之漆沮水』。此則名稱相亂。諸家以爲扶風之漆，與北地之沮當爲二。扶風是漆水，北地是沮水之一名漆沮水者。蓋扶風之漆，至岐入渭，在豐水之上流。而《尚書》渭水，會豐會涇之後，乃過漆沮，則漆沮乃在豐水之下流。是《書》之漆沮，非《詩》之漆也。《詩》之漆、沮是二水，而《書》之漆沮是一水，即《詩》之沮也。然《水經》之沮入洛，而《尚書》之漆沮入渭。孔安國謂漆沮一名洛水，則漆沮即洛也，又何入之有？當闕之以俟知者。以厚齋之精於釋地，顧終不能定此惑。不知先生之説《詩》、説《書》、説《水經》，何以和會而折衷之？

答：漆是漆，沮是沮，洛是洛，三水各有源流，無可疑，不得混而爲一。然漆入沮，故世有呼沮水爲漆沮水者；漆、沮皆入洛，故世有呼漆沮水即爲洛水者。段昌武、嚴粲之説，所由疑也。段氏竟謂漆沮有二：一在上流，一在下流，非也。程泰之曰：『沮水，按宋氏《長安志》，自邠州東北來，至華原縣南，合漆水，入富平縣石川河。石川河者，沮水之正派也。漆水，按宋氏《長安志》，自華原縣東北同官縣界來，南流入富平縣石川河，是漆、沮會合之地，而洛水出自北地歸德縣臨戎夷中，至馮翊懷德縣入渭。懷德者，今同州之衙縣也。然則漆在沮東，至華原而西合於沮。沮在漆西，受漆而南，遂東合於洛。洛又在漆、沮之東，至同州而始合。』泰之所言，視厚齋爲了當。前人疑入渭入洛之異者，不知入洛則由洛以入渭矣。杜岐公曰：『謂漆、沮爲洛者，以三水合流也。』此最足檃括。若張守節曰：『漆、沮二水，源在雍州之西。其名洛水者，源在雍州之東。』此實段氏、嚴氏之疑所由出。不知洛水本在漆、沮二水之東，其後由東而西，遂合爲一，又何害乎？唯是洛水之名，始見於《周禮·職方氏》，泰之以爲秦、漢時始有此水，則不審。

**問**：道元於《漆水篇》引《禹本紀》之文云：『導渭水，東北至涇，又東逕漆沮，入于洛。』其言與《禹貢》悖。

**答**：《禹本紀》乃太史公所不采。然是亦必非《禹本紀》之文，以禹時尚無北地之洛水也。即以《職方》而後之水道言之，洛入渭，不聞渭入洛，《禹本紀》安得爲此言？道元好采異聞以示博，而不審真妄，嘗有此失。

**問**：據道元，則濁谷水亦謂之漆水，而又引柒渠水之入岐者以存疑。然則漆水自不止一水也。

**答**：漆水或有同名者，固未可定。然《尚書》及《詩》所指漆，則皆是一水，不必援他小水以亂之。

**問**：厚齋不特謂漆、沮二水有二，并謂洛水有二，其説亦本之《括地志》，不知是否？

答：是非《括地志》之謬也，乃張守節之謬也。《括地志》曰『洛水出慶州至華陰入渭，即漆沮水』，而張守節辨之曰：『非古公所度漆沮。』厚齋因本之，引《易祓》曰：《漢志》馮翊之懷德，荊山在其縣西，正洛水之源也，是即《禹貢》之漆沮。又一洛水，出慶州洛源縣，有白旋山，洛水所出，因以名縣。東南流至同州澄城縣，其去懷德亦近，則大謬矣。洛水出於慶州之白旋山，至懷德之荊山而入渭，今以荊山別爲一洛之源，豈非囈語？厚齋謂《雅》詩《瞻彼洛矣》之洛，是雍州之洛，是矣，而忽有此失，不可解也。

問：先生謂鄭之溱水，古文作潧，秦之沮水，古文作瀘，皆本《説文》。按今《水經》溱作潧，而沮不作瀘。

答：舊本亦自作瀘，今誤耳。小司馬《索隱》引《水經》『瀘水出北平直路縣』，是唐本之不悖於《説文》者也。《説文》曰：『北地瀘水，虘聲；漢中沮水，且聲。』其了了如此。蓋沮水有三：一是沔漢之沮；一是沮漳之沮，亦作雎；一是灉沮之沮。而《地志》元氏縣下沮水是泜水之誤文，不知《尚書》《毛詩》《史》《漢》《水經》，何以一變，而關中之瀘，皆盡誤而爲沮。

問：『豈曰無衣，與子同袍』，序曰：『刺康公用兵也。』詩無刺意，其説固非。朱子引蘇氏曰『秦本周地，故其民猶思周之盛時而稱先王』，此蓋以《小戎》諸詩之意申之，其説似勝於序。而先生曰『穆公之詩』，何所見與？

答：讀《詩》，則所謂王者是指時王，非先王也。蘇氏之言未覈。況其曰『與子』，是明有同事者，蓋當襄王在氾，穆公師於河上，將以納王。其曰『與子』，指晉人言之也。故曰『同袍』『同仇』『同澤』『同裳』，穆公是舉最佳，不知何以竟爲晉人所辭，而中道歸去。晉人固譎，欲專勤王之勛，而穆公拙矣，然其心則固可取也。予嘗謂穆公生平之事，惟此舉足傳。

問：《唐風·杕杜》章『豈無他人，不如我同父』，其與《魏風·彼汾》章『彼其之子，殊異乎公行』，疑皆是諷晉之無公族也。先儒曾有言之者否？

**答**：東萊呂氏嘗言之，蓋晉人亡國之禍，遠在二百餘年之後，而實兆於此。晉自桓叔不逞，弒宗國之君者五，而後有晉，其心惟恐宗室之中，有效尤而出者，故獻公今日殺富子，明日殺游氏之二子，尋盡殺羣公子，以士蔿爲密勿之功臣，而不知轉盼間，驪姬殺申生矣，逐重耳、夷吾矣，詛無畜群公子矣。乃又轉盼間，三公子之徒，殺奚齊矣，殺卓子矣。夷吾立，幾殺重耳矣；重耳殺圉矣。以重耳之賢，不能革此淫詛，四散其諸子，轉盼間爭國：欒死矣，雍逐矣，黑臀繼靈，周繼厲，俱自外至。於是以六卿之子弟充公族，是《彼汾》之詩所爲刺也。而要皆獻公啟之。啟獻公者，桓叔也。春秋之國，如楚，如衛，如宋，如鄭，皆得宗卿之力。魯之三家雖不道，然終未嘗篡國。晉用六卿而先亡，齊用田氏而先亡，『豈無他人』之謂也。或疑唐、魏之詩，無及獻公以後者，則甚不然。變風終於陳靈，何以唐、魏二國獨無乎？

**問**：顧亭林謂唐叔所封，以至翼侯之亡，疑皆在翼，不在晉陽，然則燮父何以改國號曰晉乎？唐城畢竟安在？

**答**：既改唐曰晉，則其在晉陽可知。然亭林之言，亦自有故，難以口舌辨也。《括地志》所述唐城有二：一在并州晉陽縣北二里，是太原之唐城；一在絳州翼城縣西二十里，是平陽之唐城。相去七百餘里，而《史記·晉世家》謂唐叔封於河汾之東，則當在平陽。張守節亦主此說。若太原，則在河汾之西矣，故亭林疑唐叔本封在翼者，以此故也。但燮父之改唐曰晉，以晉水，則自在太原。而《詩譜》明曰『穆侯始遷於翼』，則《史記》所謂河汾之東者，未可信矣。而平陽亦有唐城者，蓋必既遷之後，不忘其故而築之，如後此之所謂故絳、新絳，二絳異地而同名耳。至於晉自唐叔以後，靖侯以前，年數且不可考，何況其他？則其中必累遷而至翼，亦必無一徙而相去七百餘里也。亭林於《括地志》之唐城，引其一，遺其一，則稍未覈也。

問：竹村馬氏曰：『三百五篇，惟《周頌》三十一篇、《商頌》五篇，爲祭祀之詩。《小雅・鹿鳴》以下，《彤弓》以上諸篇，爲宴享之詩。此皆其經文明白，而復有序説可證者也。至於《周南》以下十五國風，《小雅》自《六月》而下，《大雅》自文王而下，以至《魯頌》之四篇，則序者以爲美刺之詞，蓋但能言其文義之所主，而不能明其聲樂之所用矣。《左傳》所載列國諸侯大夫聘享賦詩，大率多斷章取義，以寓己意。如秦穆公將納晉文公，宴之而賦《六月》；季武子譽韓宣子嘉樹，宴之而賦《甘棠》。蓋借二詩以明贊諷之意。又如荀林父送先蔑，而爲賦《板》之卒章；叔孫豹食慶封，而爲賦《相鼠》。蓋借二詩以明箴規之意。它若是者，不一而足，皆是因事寓意，非曰此宴必合賦此詩也。獨《儀禮》所載鄉飲酒禮、燕禮、射禮，工歌、間歌、合樂之節，及穆叔所言天子享元侯，與兩君相見之禮，則專有其詩。然考其歌詩合樂之意，蓋有不可曉者。夫《關雎》《鵲巢》，閨門之事，后妃、夫人之詩也，何預於鄉宴，而鄉飲酒、燕禮歌之。《采蘋》《采蘩》，夫人、大夫妻能主祭之詩也，何預於射，而射禮用之。《肆夏》《繁



遏》《渠》，宗廟配天之詩也，何預於宴飲，而天子享元侯用之。《文王》《大明》《緜》，文王興周之詩也，何預於交鄰，而兩君相見歌之。以是觀之，其歌詩之用，與詩人作詩之本意，蓋有判然而不相合者，不知其何説。晉荀偃曰「歌詩必類」，今如《儀禮》及穆叔所言，則類者少，不類者多。若必就其文詞之相類，則鄉飲酒禮所歌，必《伐木》《行葦》之屬；射禮所歌，必《騶虞》而下，必《車攻》《吉日》之屬；天子享元侯所歌，必《蓼蕭》《湛露》《彤弓》之屬，方爲合宜。』竹村之疑，前人所未及也，何以晰之？

答：以古禮言，則必每樂各有所歌之詩。但今不可得而盡考。以春秋之世之禮言，則容有斷章而取義者，原未必盡合於古，此雖於經傳無明文，而可以意推而得之者也。但鄉飲酒禮所歌，亦正不必《伐木》《行葦》之屬，射禮所歌，亦正不必《車攻》《吉日》之屬，則以其義之所該者大。陳晉之曰：『《鄉》《射》升歌《鹿鳴》諸詩，所以寓君臣之教；笙奏《南陔》諸詩，所以寓父子之教；間歌《魚麗》，笙《由庚》，歌《南有嘉魚》，笙《崇丘》，歌《南山有臺》，笙《由儀》，

所以寓上下之教；合樂三終，歌《二南》諸詩，所以寓夫婦之教。』然則因一事而兼群義，有不盡泥其事者矣。其與春秋時賦詩之禮，又自有不同者，不必如竹村所疑也。但雖不必泥其事，而未嘗不專有其詩，以司樂者各有所屬故也。若賦詩言志，如荀偃所云不類，蓋指攜貳之詞耳。

## 卷四　三傳問目答蔣學鏞

**問**：荀息之傳奚齊也，阿君命以成危事，故《左傳》以『白圭之玷』惜之。而《春秋》之書法，居然與孔父、仇牧同科。顧亭林曰：『以王法言之，易樹子也；以荀息言之，則君命也。彼「枯菀」之歌出，而里克以畏死改節矣，則荀息不可謂非義也。』然則叔仲、惠伯，更非荀息之比，而亭林反詆之。何哉？

**答**：惠伯豈是荀息之比，蓋其所傳者，應立之世子，既主喪矣，襄仲突出而弒之。是死也，雖與日月爭光可也。今求聖人所以不書之故而不得，乃妄詆之，則亭林之謬也。亭林之前，亦有揚人馬駢曾爲此說，皆不知大義者也。荀息在晉，其料伐虞之事，固知者，然即其知而言之，亦非能導其君以正者，不過狥其吞并之私，而行其狙詐已耳。及其老而耄，以身殉亂，聖人所以書之，以爲猶愈於里克、丕鄭之徒也，非竟許之也。若惠伯則真忠也。假如亭林之言，必使魯之臣，皆如季孫行父、叔孫得臣俛首唯阿，往來奔走，以成襄仲之事，而後謂之識時務與？賢如行父，尚且不免，而惠伯能爲中流之一壺，後人乃從而貶之，則天地且將崩裂矣。當付托之重，亦有不死以成事者，季友是也。是必諒其時勢與其才力足以集之而後可也，不然，不如死之愈也。亦有竟得成事而適以亂濟亂者，里克是也，又不如死之愈也。然則惠伯何歉乎？曰惠伯以宗臣居師保，倘責其疏忽，不能豫測襄仲之逆，而弭奸除賊，則或惠伯之所服也。雖然，季友先去叔牙，竟不能去慶父，則事固有難以求備者，聖人論人，不如此之苛也。且夫惠伯之死，其帑奔蔡，已而復之，豈非宣公亦憐其忠，襄仲亦自慚其逆，行父之徒，終有媿於公論，而卒全其祀乎？然則當時之亂賊且許之，而後世人妄詆之，吾之所不解也。曰：然則聖人之不書，何也？曰：其文則史，是固舊所不書也，聖人無從而增之。而況既諱國惡，不書子赤之弒，則惠伯無從而附見。曾謂惠伯反不如荀息者，真邪說也。

**問**：萇宏合諸侯以城成周，衛彪傒曰：『萇宏其不没乎？《國語》有之：

天之所廢，不可支也。』《左氏》此言，蓋推周人殺萇宏之張本，果爾，則萇宏固周之忠臣也。何以貶之？

**答**：《左氏》喜言前知，故於萇宏之死，求其先兆而不得，則以此當之。其説在《外傳》爲尤詳，然可謂誣妄之至。假如其言，則是人臣當國事將去，必袖手旁觀，方有合於明哲保身之旨，而知其不可而爲之者，皆有天殃，宇宙更無可支拄之理。成敗論人之悖，一至於此，唐柳子厚、吕化光、牛思黯已非之矣。雖然，吾於萇宏之事，亦有疑焉。《左氏》言周之劉氏、晉之范氏，世爲婚姻，故朝歌之難，周人與范氏。事定，趙鞅以爲討，周人乃殺萇宏以説。夫范、中行之搆難，不過欲并趙氏。范、中行之據朝歌，趙氏之據晉陽，其叛則同。及范、中行既不克而伐公宫，攻都邑，連齊、衛，結戎、蠻，以傾故國，則其猖狂已甚。萇宏，周室之忠臣也，將扶國命於既衰，射貍首以詛諸侯之不廷者，則欲使天子得有其諸侯，即當使諸侯得有其大夫。今不能助晉討賊，而反從而城之，是則萇宏之失也。稽之往事，孫林父之叛衛也，而晉人戍之，是晉霸中衰之時。欒盈之叛晉也，而齊人救之，是齊靈極亂之時。魚石之叛宋也，而楚人救之，是楚霸中衰之時。是皆倒行逆施之事，是以穆叔雍榆之役，春秋善之，與國尚然，況天下之共主乎？況敬王之入晉也，崎嶇伊、洛之間，其幸而得濟，晉之力也，而忽左袒於其叛臣，是則萇宏之失也。雖然，細覈之，則亦未必信然也。夫當時之助范氏者，齊也，衛也，鄭也，而周無聞焉。周之力，亦非能以兵爲助者也，不過劉、范婚姻，或有通問往來而已。趙鞅悍矣，然終不能得志於齊、衛諸國，而區區守府之周，則敢從而討之。是鞅之悖，更不可問也。故萇宏之死，吾終疑其有屈，蓋劉、范以婚姻有連染，而宏不過劉氏之屬也。晉人之討乃在劉，而劉竟以宏當之，其罪未必在宏也。宏之忠勤，其在劉，必爲同事者所忌，而因借是以陷之。故其血三年而化碧，而左氏無識，并其城成周而亦貶之，則其碧千年不可滅矣。韓非謂叔向讒萇宏，出於不考。是時叔向之死久矣，而其以讒而死，則事之所或有也。

**問**：楚莊入陳，諸家皆以討賊與之，獨東發先生貶之。其大要謂夏徵舒之弒，在宣十一年；辰陵之盟，弒已及年，何以不討？向來讀《春秋》者，未嘗計及於辰陵之役，直至東發始及之。楚莊既欲討陳，何以先與之盟？誠不可解也。

**答**：東發抉出辰陵之盟，可謂善讀經者。然於既盟而又伐之隱情，尚未之得也。夫是時楚方與晉爭陳、爭鄭，以爭宋，總是求霸，亦何討賊之有。果討賊乎？辰陵之盟，陳成公正在會，留之而與共討夏氏可矣。更進於此，并責成公以不能除不共戴天之仇，廢之，而以兵入陳，除夏氏置君焉，則王者之師矣。何以親執牛耳，與之誓神成禮而退？夫霸者之制，嗣君雖有罪，得列於會則不討，雖非王制，然亦春秋之例也。是楚莊之無意伐陳可知也。然則何以不久而伐之？曰：陳成公仍叛楚而即晉，意當時當國者必夏氏，則主從晉者亦夏氏，故楚莊必取夏氏而甘心焉，而納孔寧、儀行父以撓其權。不然，二人者逢君之惡而陷靈公於死，其罪大矣。夏氏宜討，而二人之奔楚久矣，辰陵之盟，何以不納，至是而始遣之也？然則以爲討賊，真瞶瞶者矣。曰：既縣之，而又封之，何也？曰：是亦別有故焉，而左氏以爲申叔時之諫，亦附會之談也。《家語》并附會於孔子之稱之，皆非也。蓋是時陳成公尚在晉，楚果縣之，晉人未必竟束手也，則爭端起矣。故不若因而封之，則陳自此必不敢更叛楚矣，是則所以封之者，終以晉之故也。吾於是嘆聖經之嚴也：大書辰陵之盟，而其義見矣。然而左氏則昧矣。

**問**：據《史記》，則夏氏弒君自立，成公以太子奔晉，楚人迎而立之也，而不見於《左傳》，何也？

**答**：是《史記》之誣也。夏氏未嘗自立，成公已豫辰陵之盟，何嘗以太子出奔乎？使謂夏氏自立，則辰陵之盟，孔子豈肯書爲陳侯？可不辨而明也。

**問**：《經》書陳靈公之葬，說者以爲前此竟未嘗葬而楚葬之，則楚亦可稱矣。

**答：**陳公已即位，靈公安有不葬之理？是蓋楚假討賊之名，爲之改葬，而徧告於諸侯者，既告則書之，亦非褒也。

**問：**『越境乃免』之説，春秋人託之於孔子者，先儒多已非之。先生以爲陳文子之去他邦，蘧伯玉之出近關，皆爲此説所惑。後世人臣不可援以爲例。夫宣孟之罪，世所知也，文子則亦在可疑之列者也，獨伯玉似不可同年而語。故近有閩人郭植再三爲之申雪。願先生詳論之。

**答：**伯玉乃孔子所嚴事，愚豈敢妄議之。然近關再出，終不無可疑也。伯玉位在庶寮，其力固不足以誅孫寧，即其地亦非能通密勿，有聞即可入告者，故凡責伯玉以不討賊，不死節，皆屬不知世務之言。伯玉所處，不能討賊，亦不必定死節也。唯是伐國不問仁人，則聞孫寧之謀而去，固義所宜。而既去而即返，則義稍未安。蓋父母之邦，雖不忍棄，而與亂臣賊子比肩旅進，則君子寧棄父母之邦而不居矣。即令返，亦何可以再仕？吾傷伯玉之賢，生遭亂世，所遇大故，不一而足，視其君之出入生殺如弈棋，而乃以近關之出爲定算。禍作而去，禍止而返，仍浮沉於鴟鴞、檮杌之群，以是爲潔身，則似於義固有歉也。故郭氏之言，但知附會伯玉，而不知爲後世人臣峻去就之防者也。唯是伯玉之年齒則固有可疑者。獻公之出，當襄公之十四年。又八年，孔子始生，而其時伯玉已與聞孫寧之事，則必其人名德已重，然後孫寧思引以共事，蓋最少亦當三十矣。乃又歷一十八年，爲襄公之三十一年。又歷昭公之三十二年，定公之一十五年，至哀公之元年，孔子再至衛，主於其家，則上距孫寧逐君之歲，已六十有六年。伯玉當在九齡以外，而史魚猶以尸諫而引之，南子尚聞其車聲而識之，則猶未致仕也。伯玉即如此長年，必不如此固位，是大可疑也。故吾竊意近關再出，不知何人之事，而誤屬之伯玉，以是時伯玉必未從政也。《左氏》書中以九十餘歲老人，尚見於策者，一爲吳季子，一爲齊鮑文子，皆可疑，而伯玉尤甚。

**問：**宋之盟，楚先歃，而《經》仍先晉。左氏以爲晉有信也。孔子脩《春秋》，其文則史，豈有自取諸侯之次第而竟改之者？是謬説也。然則楚未嘗先歃與？楚先歃，而《經》何以先晉與？

**答**：善哉問也。若以有信遂先之，則前者清丘之盟，唯宋有信，何不加宋於晉上也？蓋當時在會之坐次，本晉爲先，而楚次之，《經》文所書，會之序也。及盟，而楚人爭先，則楚駕於晉矣，而《經》文不複出，但曰『豹及諸侯之大夫盟於宋』，則楚之先無從見矣。試觀既盟，宋公兼享晉、楚之大夫，而趙孟爲客，則晉仍先楚，以堂堂首歃之子木，至是不能爭也，則諸侯本先晉之明驗也。若謂孔子所欲先即先之，則安有斯理？是開宋儒迂誕之説者，左氏也。

**問**：然則使楚竟駕晉於會，《春秋》將遂先楚乎？

**答**：是又未必然也。《春秋》固不敢擅改載書之次第，然畢竟須重王爵。晉自文公以來，天子命之爲霸，非楚人所敢望也。是以黄池之會，吴竟駕晉矣，然《春秋》書曰『公會晉定公及吴夫差於黄池』，則内外進退之旨，了然可見。使宋之會亦若此，則書法亦若此矣。聖人《經》文之妙如此，然後知《春秋》雖不予晉，而如郝氏、毛氏妄謂《春秋》最惡晉而許楚者，妄也。

**問**：孔子之卒，杜氏謂四月十八日乙丑，非己丑，五月十二日乃己丑。然《史記》《孔叢》皆作己丑，與左氏合，則恐是杜氏《長曆》之訛也。吴程以《大衍曆》推之，乃四月十一日，不知誰是？

**答**：前二年五月庚申朔，是《左氏》所紀，下距是年四月，中間當有一閏，以庚申朔遞推之，六月朔爲庚寅，七月、八月朔爲己未，己丑，九月、十月朔爲戊午、戊子，十一月、十二月朔爲丁巳、丁亥，次年正月、二月朔爲丙辰、丙戌，三月、四月朔爲乙卯、乙酉，五月、六月朔爲甲寅、甲申，七月、八月朔爲癸丑、癸未，九月、十月、十一月、十二月朔爲壬子、壬午、辛亥、辛巳，而閏月及次年正月朔爲庚戌、庚辰，二月、三月朔爲己酉、己卯，四月朔爲戊申。是四月十八日，乃乙丑也。若四月十一日，乃戊午也。杜氏似不謬。宋濳谿謂是年四月壬申朔，則謬矣。

問：叔孫莊叔敗狄於鹹，獲長狄僑如、虺也、豹也，而皆以名其子。今考莊叔之子，一僑如，一豹，而無虺，何也？

答：《永樂大典》中尚載有《春秋世系》《世譜》諸書，世間所無。愚嘗考之，蓋叔仲昭伯乃虺也。據杜氏，則昭伯名帶。《左傳》帶之名見於策，或者本名虺，而後改爲帶。歷考《左氏》《史記》《世本》，其有二名者亦多。叔仲氏出惠伯，惠伯即莊叔之庶兄也，死於子惡之難，其帑奔蔡，已而復之。虺即惠伯之子，莊叔以其猶子而名之，未可知也。《世系》以虺爲惠伯之子，《世譜》則以爲孫，如《左傳》所云，當是子也。

問：屠岸賈事之誣，孔穎達於《左傳疏》已辨之，容齋、東萊、深寧又辨之，可以無庸置詞。獨西河謂《史記年表》所書，原盡與《左氏》合。而《世家》則





必采異聞，是必《年表》成於談，而《世家》成於遷，故有互異。今考之《年表》，並無所謂合於《左傳》者，豈西河曾見舊本，而今所見多脱落乎？

答：《年表》之易有脱落，固也。愚考之《晉世家》，景公三年下宫之禍，徐廣曰：『按《年表》，朔將下軍救鄭及誅滅，皆在是年。』則舊本《年表》固有之，而今本脱落。但正與《世家》合，不與《左氏》合。西河好作僞，每自捏造以欺人，如此蓋不可勝數也。

問：春秋之時皆世卿，故以庶姓而起者甚少。管子之後不見於齊，孫叔僅得寢丘之封，孔子則不終於位，蓋世卿之勢重也。然世卿亦未嘗無益於國，何道而持其平？

答：春秋之時，兵枋皆在世卿，故高子之鼓，國子之鼓，與君分將，而管仲亦終不得豫也。邲之戰，孫叔亦不得主兵事，斯庶姓所以終不能抗也。陽處父爲太傅，其力足以易置中軍，而賈季殺之甚易，亦以無兵也。孔子隳都，亦

終是三家主兵，則世卿之勢自難動。然而世卿終是有益於國，故卒不能廢。要之果有賢主，則世卿自無從竊柄，而庶姓亦無難於參用。苟無賢主，則皆不足恃。特以其極言之，晉亡於三家，齊亡於田氏，而魯、衛之任用宗室，不過爲其所專擅，未聞有他，則世卿差勝矣。

**問：**《秦誓》皆以爲敗殽歸後所作。《史記》則以爲王官之役，封尸歸後所作。誰是？

**答：**似當以《史記》爲是。蓋穆公敗殽悔過，則不復興彭衙之役矣，何至於三出。及王官之役，亦無大捷，不過晉人以其憤兵，不復與校，而穆公藉此自文，以爲稍挺，及其封尸發喪，不覺有媿於中而爲此誓。然次年又伐戎，則終未嘗踐此誓也。

**問：**晉文公初入國，受王命，設桑主。韋昭曰：『《禮》，既葬而虞。虞而作主，虞主用桑。天子於是爵命世子即位受服，文公不欲繼惠、懷，自以子繼父位，故行踰年之禮。』是否？

**答：**是乃大非禮。文公以惠公之欲殺之也，又以懷公之脅其從亡之臣也，舅犯又以狐突之死，恨之深，故如明代革除之禮，而趙衰、司空季子、賈它之徒，亦非能真識典禮者，所以有此。夫惠公之立非草竊，蓋亦天子所嘗命之者，而惠公亦頗有伐戎救周之勛，雖其後敗韓，聲望頓喪，然王命不可滅也。命惠公者亦襄王，命文公者亦襄王，革除惠公，是即革除王命矣，而可乎？然則當如何？曰：文公自不肯繼惠公，然正不必設桑主也。是所謂欲行典禮，而適以成不學無術之謬者。內史興猶從而極譽之，所謂以成敗論人者。先儒嘗稱司空季子之論姓，以爲知古，予謂如季子者，適以掌故成其佞。蓋其論姓，乃以勸納辰嬴也。辰嬴無論曾配懷公，即其未配，乃穆公之女，便是文公之甥，而可納乎？又何咎乎楚成王也。

問：富辰言密須之亡由伯姞，韋昭疑文王滅密，不由女。愚以爲或別有一事，是否？

答：是也。蓋指恭王所滅之密，其事即見《外傳》。恭王游涇上，密康公從，有三女從之，伯姞殆即三女中之一也。富辰所指鄢、鄶、聃、息、鄧、盧，皆周時所亡之國，則非文王所伐之密。

問：申生之死，謚爲共君。韋昭曰：『謚法：既過能改曰「恭」。公以此謚，竊恐獻公未必肯加申生以謚，故昭以中謚當之。』《檀弓》孔《疏》，則謚法敬順事上曰『恭』，是佳謚矣，誰加之？

答：當是惠公改葬時加之，非獻公也。獻公坐申生以不孝，豈復加謚，亦豈以其一死而謂之改過？是韋之謬，孔說是也。

問：《友》之詩，見於《外傳》，亦武王克商所作，疑亦《大武》諸章之一，而今《周頌》無之，豈孔子所刪耶？

答：《友》之爲名，頗與《賚》《桓》《武》諸章相似。然周初頌樂，如《樊》《遏》《渠》諸名目，皆別用一字。成王之樂又曰《酌》，不可曉也。據《外傳》言，則《友》是飫歌，乃樂之少章曲者，則不在《大武》諸篇之内矣。今《周頌》無之，亦難强爲之詞也。

問：晉文公之入國，十一族掌近官。胥即司空季子也；籍即籍父之先也；狐則咎犯兄弟；箕即箕鄭也；欒、郤、先、韓，即後之世卿也；羊舌則職也；董即因也；而栢無所考，敬質之。

答：『栢』與『伯』通，蓋伯宗之先也。

問：韋昭注《外傳》：晉賈它，狐偃之子，太師賈季也。公族，姬姓，食邑於賈，字季。按《内傳》，則賈它似又是一人。

**答**：韋氏誤也。晉故有賈氏，七輿大夫之中，右行賈華是也。蓋故是晉之公族，賈它在從亡諸臣之列。公孫固曰：『晉公子父事狐偃，師事趙衰，長事賈它，則與咎犯等夷，非父子矣。狐氏雖亦姬姓，然戎種，非公族也。至咎犯之子，始稱賈季，而其氏仍以狐，是猶之士會稱隨會也。襄公之世，趙盾將中軍，賈季佐之，而陽處父爲太傅，賈它爲太師，二賈同列，計其時，它爲老臣，而季新出，安得合而爲一也？』

**問**：杜氏注《左傳》，謂陸渾之戎即姜戎，姜戎即陰戎，又即九州之戎，不知是否？

**答**：以《左傳》諦考之，姜戎即陰戎，陰戎即九州之戎，而似非陸渾之戎。蓋以戎子駒支之言參之，昭九年詹桓伯之言，則姜戎即陰戎無可疑矣。而九州之戎在晉陰地，見於哀四年，則九州之戎即陰戎無可疑矣。杜氏曰『陰地自上洛以東至陸渾』，則似乎即陸渾之戎，而實非也。姜戎世爲晉役，不他屬，而陸渾則頗兼屬乎楚，故昭十七年，爲晉所滅，至哀四年，陸渾之滅已久，而九州之戎仍見於傳，則其非陸渾可知。蓋陸渾左近之戎，而非一種，觀《左氏》所云揚、拒、泉、皐、伊、洛之戎，在陸渾未遷之先，則其地本多戎、蠻。大抵姜戎最近晉，陸渾之戎則近楚。唯近晉，故殽之役，晉得於倉卒中徵師。唯近楚，故荀吳之滅之取道於周，託言有事於洛與三塗。唯近晉，故蠻氏之亡，蠻子奔晉。唯近楚，故陸渾之戎之亡，陸渾子奔楚。雖地本相接，而各有所屬，揚、拒、泉、皐、伊、洛之戎最先，次之則陸渾之戎，秦、晉所共遷，姜戎則晉所獨遷。晉霸之盛，諸戎皆嘗受命。成六年，晉人侵宋，有伊、洛之戎，有陸渾，有蠻氏，三部俱與於役。其後陸渾始屬楚。

《春秋外傳》『宣王敗績於姜氏之戎』，即姜戎也。戰於千畝，則是時之姜戎深入，近鎬京矣。而《內傳》昭九年，言姜戎本居瓜州，又言秦人逐之居瓜州。大抵周之盛時，姜戎本安置瓜州，宣王之時則已內遷。及秦人有岐西，又逐之還其故土，而晉惠公招致之，使居晉之南境也。

晉之南境爲姜戎，晉之東境爲草中之戎與鄜戎，晉之北境爲無終諸戎，而姜戎自南境接於西境，故得要秦師也。以狄而言，晉之北境爲白狄，其東境爲赤狄，而鄜戎亦稱鄜土之狄。大略晉四面皆戎、狄，而亦用之以爲強，故襄公用姜戎，悼公用無終之戎，成公剪赤狄，景公同白狄以伐秦，平公用陰戎，獻公剪鄜土之狄。而惟白狄最久，至春秋之末爲鮮虞，至七國爲中山。

**問**：葵丘有三：其一在齊，即管至父所戍地。其一在陳留之外黃，即桓公所盟。其一在晉，見於《水經注》。然宰孔論桓公之盟，以爲西略，則似非陳留之外黃也。

**答**：杜預以爲外黃，亦有以爲汾陰之葵丘者，而杜非之，以爲若是汾陰，則晉乃地主，夏會秋盟，豈有不豫之理？杜言亦近是。然愚則竊以爲宰孔明言西略，而以爲陳留，是仍東略也，則宜在汾陰。蓋當時之不服桓公者楚，而晉實次之，周惠王之言可驗也。故桓公特爲會於晉地以致之，亦霸者之用心也。至於晉侯已經赴會，以宰孔之言而還，而是歲獻公亦卒，桓公爲之討亂置君，則宰孔以爲不復西略者，其言虛矣。《左氏》成敗論人，而不顧其言之無徵，一至於此。然則葵丘爲汾陰之葵丘，方合。

葵丘之會，叛者九國，是《公羊》之妄語。是役也，在會者尚無九國之多，誰爲叛者？故徐彦以厲等九國當之，是妄語。《公羊》之言，蓋亦因晉侯之中道而返而附會之。

**問**：春秋之世，陳、宋二王後，故有太宰。吴、楚僭王，故有太宰。魯亦有太宰，而鄭亦具六卿。然竊有疑焉，趙武以冢宰稱子皮，是執政也，而蕭魚之役石臭以太宰爲伯有之介，則又卑矣。是何也？

**答**：是時侯國雖置太宰，然執政終以司徒，如宋之六卿，其聽政者司城也，鄭亦然。故子孔以司徒當國，況是時鄭之六卿，皆七穆也。石臭非但不在七穆，且疑是庶姓，則其卑宜矣。趙武以冢宰稱子皮者，是泛舉上卿之官以稱之，不足泥也。蓋司徒以下三卿是王官，故雖有太宰而終處其下，即楚之令尹、司馬，亦在太宰之上。故春秋侯國之太宰，非執政也。

**問**：鄭之三卿亦可疑。子駟當國，子國爲司馬，子耳爲司空，子孔爲司徒，則司徒在二卿之下矣，是何也？

**答**：非也。是因子駟、子國、子耳同死而牽連序之，非其官之序也。試觀戲之盟則其序，首子駟，次子國，次子孔，而次子耳矣。蓋子孔是公子，子耳是公孫故也，是又以其行輩序之。及子駟死，則子孔以司徒當國矣。

**問**：宋儒以子程子爲稱，本於《公羊傳》，亭林不以爲非，而西河力詆之。孰是？

**答**：是在明莊烈帝已嘗詰之，謂以子程子爲尊稱，何以不稱子孔子，何以不稱子孟子？不始自毛氏也。然毛氏所難亦未悉。考之宋人，如張橫浦自稱子張子，王厚齋自稱子王子，則固不盡以爲尊稱矣。唐人劉夢得亦自稱子劉子，又先乎此。是即《公羊傳》中自稱子公羊子之例也。更遠考之，荀卿稱宋鈃爲子宋子，王孫駱稱范蠡爲子范子，是皆平輩相推重之詞，不以師弟也。顧氏據《公羊》所言，特其一節耳。

**問**：許田之許，厚齋引劉氏以爲魯境内地，以『居嘗與許』證之，嘗亦魯近地也，是否？

**答**：此則厚齋之誤之了然者。當時鄭與魯易地，各從其便。泰山之祊近魯，而許田近鄭，故互割以相屬。若許田亦近魯，則鄭何畏於魯，而以之相媚乎？《魯頌》之言，特祝禱之詞，不以遠近校也。此求異於前人而失之者。

**問**：《左傳》宣十一年楚封陳，鄉取一人以歸，謂之夏州。徐廣曰：『楚考烈王元年，秦取夏州。』裴駰曰：『《左傳》不言夏州所在。』酈元於《水經》

竟系宛邱，則是仍在陳都，非以歸楚者也，其謬明矣。厚齋引車胤所撰《桓温集序》曰：『夏口城上數里有洲，名夏州。』《正義》曰：『大江中洲也，夏水口，在荆州江陵縣東南二十五里。』厚齋之證似佳。

**答**：未可信也。夏汭再見《左傳》，即夏口也。夏汭蓋以夏水得名，而夏州則以夏南得名，各有緣起。不可牽合者一也。考烈時，楚已弱，由江陵而東遷矣。江陵已入秦，夏州猶待兵取，必另是一地。不可牽合者二也。杜元凱官荆州，其所闕如，必其所不可考者。不可曲爲牽合三也。故曰酈元自謬，厚齋亦非。

**問**：泠州鳩對《大武》之樂，其第四終曰嬴内。韋昭無注。《世本》有鐃内，是舜所居。一作姚墟。《帝王世紀》作嬀墟。杜岐公曰：『即《周語》之嬴内，音嬀墟也。』是否？

**答**：此説可疑。謂鐃内即姚汭可也，音相近，形相通也。謂姚墟即嬀墟可也，姚、嬀本一姓也。若謂姚即音嬴，於古無見。且嬴内即果是嬀汭，據《尚書》，或以爲二水名，或以爲一水名，俱未可定，如何即以爲《大武》樂中一終之名？岐公非妄言者，況王厚齋又述之，必別有據，惜其語焉而不詳，今亦無從得博物者而正之，以雍州無嬴水之名也。

## 卷五　三禮問目答全藻

**問**：方侍郎望谿云：『古人言三公者多矣，未有言四輔者；言師、保者多矣，未有言疑、承者。王莽置四輔以配三公，又爲其子置師、疑、傅、承，阿輔保拂之官，（拂即弼。）而劉歆竄入《文王世子》，以見其爲二帝三王之舊制。胡他書更無及此者？』然否？

**答**：以三代之前，並無四輔之官，其説是也。若以爲劉歆所竄入，則未然。蓋侍郎不讀雜書，頗類程子，即如《史》《漢》，侍郎但愛觀其文章，而於考據則弗及也。四輔之名，見於尚書之《洛誥》，而《益稷篇》之四隣，《史記》作四輔。《尚書大傳》：『古者天子必有四隣：前曰疑，後曰承，左曰輔，右曰弼。天子有問而無對，責之疑；可志而不志，責之承；可正而不正，責之輔；可揚而不揚，責之弼。』是言四輔之官之始也。賈太傅《新書》引《明堂位》曰：『篤仁而好學，多聞而道順，天子疑則問，應而不窮者謂之道，道天子以道者也，常立於前，是周公也。潔廉而切直，匡過而諫邪者，謂之弼。弼者，拂天子之過者也，常立於右，是召公也。誠立而惇斷，輔善而相義者，謂之輔。輔者，輔天子之意者也，常立於左，是太公也。博聞而強記，捷給而善對者，謂之承。承者，承天子之遺忘者也，常立於後，是史佚也。』按其文，稍與《大傳》不符，而大略則同。《漢書》谷永公車之對曰：『四輔既備，成王靡有過事。』《杜業傳》謂王音曰：『周、召分陝，並爲弼、疑。』是皆本賈傅之言也。《孔叢子》曰：『疑、承、輔、弼，謂之四近。』是豈皆劉歆之所竄與？故不可以王莽所常用者，而竟以之罪歆也。然而秦、漢以上，則固無此官也。若謂周、召、望、佚常爲之，則何以不見於《尚書》之《周官》？草廬因不得已而爲之辭，以爲三公是周制，四輔是唐、虞以來之制，則又何以不見於二《典》？乃援四隣之文，即指爲四輔，以爲古制，誰其信之？又援《周官》師、保之名，合之疑、承，而芟去輔、弼，以爲周制，又誰其信之？故侍郎以爲絶無此官者是也。特不可以爲劉歆竄入也。

愚嘗謂爲此説者，蓋在周、秦之間，文獻譌失，好事者所造作，故伏勝、賈誼皆記之。再考《甘石星經》有云：『天極星旁三星爲三公，後句四星爲四輔。』斯則出於伏、賈之前者。然則其爲七國時人之説，固無疑也。至於漢、唐經師又原不盡同《星經》之説，是以《洛誥》四輔，孔安國以爲四維之輔，而《正義》以爲周公事無不統，以一人爲四輔。唯安國《孝經注》『天子争臣七人』，以三公、四輔當之。而邢氏《正義》已非之。然則《文王世子》之不足信，古人已早言之，特侍郎竟以他書更無及此，則反失之矣。

**問**：《禮記·大傳》曰：『四世而緦，服之窮也。五世袒免，殺同姓也。六世，親屬竭矣。其庶姓别於上而戚單於下。』康成曰：『始祖爲正姓，高祖爲庶姓。』釋之者曰：『正姓如姬、姜，庶姓如三桓七穆。』是否？

**答**：異哉，康成之言也。《周禮·秋官·司儀》曰：『土揖庶姓，時揖異姓，天揖同姓。』康成曰：同姓，兄弟之國。異姓，婚姻甥舅之國。庶姓，無親而動賢者。故王昭禹曰：『異姓親於庶姓，同姓又親於異姓，而三揖之禮，由此等焉。』然考《左傳》隱公二十一年，滕、薛來朝，争長。滕曰：『我周之卜正也，薛，庶姓也。』魯自周公以至武公，皆娶於薛，不可謂非婚姻甥舅之國，而滕猶以庶姓目之。蓋成周異姓之封，如嬀，如姒，如子，則三恪；如姜，則元臣：皆族類之貴者。薛雖太皞之裔，而先代所封，又加以弱小，故降居庶姓之列。然則異姓因有貴姓而始有庶姓，亦不僅以親疎言也。若同姓，則安得有所謂庶姓？甚矣，康成之謬也，何以解《大傳》？

蓋嘗考之，古之所謂姓氏原有别，三桓、七穆，是氏也，非姓也。受氏之禮，多以王父字爲氏，而亦或有以父字賜氏者，國、僑之類是也。或有及身賜氏者，仲、遂之類是也。不必高祖始有也，而要之皆不可以言姓。太史公承秦、項喪亂之餘，姓學已紊，故混書曰姓某氏，儒者譏之。若如康成所云，則氏固可以言姓，太史公又何譏乎？況姓一定而不易，氏遞出而不窮。以三桓言之，仲孫氏之後，又分而爲南宫氏、子服氏。叔孫氏之後，又分而爲叔仲氏。季孫氏之後，又分而爲公鉏氏、公甫氏。諸侯不敢祖天子，大夫不敢祖諸侯，則仲慶父、叔牙、季友，實三桓之始祖也。始祖爲正姓，將無以三公子所受之氏爲正姓耶？則正姓即庶姓矣。倘仍以姬爲姓耶，則正姓并不出於始祖也。若敬叔諸家所受之氏，是又庶姓之小支也。姓固如是之不一而足耶？此康成之言之必不可通者也。至於《大傳》所云別姓，竊疑非即下文繫姓之姓。姓者，生也，庶姓，即衆生，蓋謂支屬別於上，婚姻窮於下，故疑若可以通嫁娶而無害。至下文繫姓弗別，始指所受之姓而言。康成合而一之，遂謂繫姓之外，又別有所別之姓，而所繫者出始祖，所別者出高祖，舛矣。歸安沈編脩榮仁，亦以予言爲然。

**問**：文昌第四星曰『司命』，《周禮》亦有『司命』之祭。而《祭法》列之七祀。然則今之祀文昌者，未爲無據。先生力言其謬，何也？

**答**：星宿之名，多出於甘石以後，而緯書又從而溷之，皆不足信。是以康成亦自支離分別：謂《大宗伯》之『司命』，則文昌第四星之神也；《祭法》『司命』，是督察三命之小神也，其神各別。唯是三命之說見於《孝經緯》《援神契》，



固誣罔，而文昌之名亦不古。然且無問其是否同異，要之大夫而下，無祭天神者，故愚不敢脩敬也。今世文昌之祭何所始？蓋始於元之袁清容，乃吾鄉前輩也，事見袁尚寶《符臺集》。而五百年以來，遂盛行，於是讏言四起，謂其爲梓潼人，而又有十七世輪迴之說：在周爲張仲，在漢爲張良，在六國爲姚萇，又最後而其姓名爲張亞子，又或曰即張仙也。則以文昌之神，督察三命之神，而忽而入於仙佛之說，是狂且所言也。乃愚者惑於『司命』之目，曰是乃科舉功名之所升降者，爭起而禮之，而其祠乃闌入於學宮。然國家學校祀典，終未之及也，則亦可以知其爲淫祀矣。故愚自少至長，未嘗禮也。

**問**：方侍郎望谿謂春秋之世，罷政極多，獨淫祀則罕聞。而先生以爲十二諸侯之淫祀，具見於《内》《外》二傳，願得一一數之，以正侍郎之疎。

**答**：侍郎不長於稽古，故有此言。嘗考周之衰也，三禮放失，故天神、地示、人鬼之義不明，而妄惑於鬼神之說，此淫祀之所由起。又其甚者，干名犯

分，謂之逆祀，其説不可以更僕罄也。但鬼神之説，始於墨子，故《漢志》數墨子之宗旨凡數條，而右鬼其一也。左氏蓋亦惑於墨子，《内傳》載之，不一而足。《外傳》不知果出左氏與否，而鬼神之説，則相爲表裏，如杜伯射宣王事，紀之自《墨子》，而《外傳》首載之。夫宣王以非罪殺杜伯，固過矣，然杜伯遂爲厲以射宣王，則是君臣之義，但在於人而不在於鬼。爲此説者，欲以明杜伯之枉，而不知適以成其罪。《内傳》因祖其説，以晉人非罪殺趙同兄弟，而其祖父爲厲，則皆誣謬之甚者。乃或謂以戒人君之妄殺，故公子彭生、渾良夫等事，不厭其怪，則曲説也。以祭祀而言，神降於莘，虢人祭之以求土，非淫祀乎？《内傳》所紀稍簡，《外傳》則詳述内史過之言，謂昭王娶房后，爽德，協於丹朱而生穆王。夫丹朱生於房，乃以魅鬼淫其千年以後之女孫而生穆王，則是穆王已非姬氏之種，其誕不必深詰。國之興也，則以契爲玄鳥所生，稷爲巨人跡所生；其季也，則以穆王爲丹朱所生。爲此言者，當有天刑。而謂周之内史敢以此告於嗣王，以誣其先世，有是理乎？又謂其勸王使太宰帥貍姓之傅氏以祭之，非淫祀乎？《外傳》但知虢公之祀爲淫祀，而不知内史之所陳，乃淫之大者。他如子産以博物稱，而其勸晉人之禳黄能，亦是淫祀。前此子産謂晉人當修實沈、臺駘之祀可也，若夏郊，則豈晉侯之所得祭，而忽勸祭之，左氏之無識也。於衛寧武子之諫祀夏相以爲杞、鄫何事。然則崇伯失祭，其於晉人何與？寧武子而非也則可，不然子産之説荒矣。故韋昭亦疑其非，謂晉爲周祭之。夫子産原謂晉實繼周，信斯言也，是乃淫祀之兼以逆祀者乎？若臧孫祭爰居，則尚屬過之小者，而柳下已動色力争，使其聞丹朱、崇伯之祭，不知錯愕更何似也。故《左氏》所載，唯楚昭王不祭河，是卓然有見者。此外則寧武子之諫祭相，二百四十年之中，不惑於淫祀者，二人而已。乃有不惑於淫祀，而反爲左氏所誚者，則子玉也。城濮之役，河神以孟諸之麋，索子玉之瓊弁玉纓，此是妖夢。謂子玉當恐懼脩身以敬共兵事則可，謂其當媚河神以徼福則不可。夫子玉安得有事於河，若謂師行所過，原有祭其山川之禮，則安得示夢以索幣？故子玉之不與，猶滅明之不以璧與蛟也。而謂其慢神以取敗，是皆淫祀之説誤之也。故子産立伯有、子孔之後，皆以鬼神立說，而亦未甚當。伯有乃子良之孫，其先有大功，則立後固宜。子孔召純門之師，乃是國賊，何可立後？若但以取精用宏爲說，崔、慶、欒、郤、孫、寧諸亂臣，孰非取精用宏者，何以不能爲厲也？故予嘗謂漢人讖緯、巫鬼之說，實皆始於春秋之世。當時雖子産不免，於是墨子之徒揚其波，而至今莫之能正，悲夫！

問：古傳謂周公祭天，太公爲尸；周公祭泰山，召公爲尸。天神地示之祭，如何立尸？其說難曉。

答：此是漢人傳聞之語，原未可信。但天神地示必有配，則尸即以配者之子孫爲之。《外傳》晉平公祭夏郊，董伯爲尸。韋昭曰：『董伯，蓋姒姓也。』然則周公攝祭天於郊，當以后稷之後爲尸；攝祭天於明堂，當以文王之後爲尸。其謂太公爲尸者，妄也。泰山不知誰爲配，周公未嘗至魯國，固無祭泰山之事。若禽父以後祭泰山，便當以周公爲配。齊人祭泰山，便當以太公爲配。而各以



其後人爲尸，推之九鎮四瀆皆然。此雖其禮不見於經，而可以義推而得之者。若漢人祭江以伍胥配，則非先王之禮。先王之禮，唯諸侯於封内山川，或以始封之君配，而天子祭之，則必取其有功於是山川者。然則三代而後求合於禮，如蜀人祭江，當以李冰配；楚人祭漢，當以孫叔敖配；孫叔敖引雲夢之藪入漢。梁人祭漳，當以西門豹、史起配；曹、濮之間祭河，當以王延世、王景等配：此其有功者也。是乃合於祭法。伍胥非有功於江者也，若謂其素車白馬而主潮汐，遂以配江，是其說荒忽難信。即果有之，亦當别祭之，不可即以配江。世苟有講明典禮之君子，必以吾言爲然。至於《春官》神示諸祭，各有配，即各有尸，不知其詳何若。然大抵有功者即爲配，主其事者即爲尸。故墓祭則冢人爲尸。其餘亦皆可以推而知之。

問：夔子不祀祝融與鬻熊，而楚滅之。先儒謂祝、鬻二祭，原祗應楚國大宗行之，夔不應祀也。楚人特借其名以遂其并小之私。其說似有據。然則凡、蔣、

邢、茅、遂，皆不祭周公乎？

答：是說也，愚初亦主之，近而稍疑其不盡然也。諸侯不敢祖天子者，同姓之諸侯也。若異姓之諸侯，則二王之後，直用天子之禮樂以祭，固得祖天子矣。即三皇、五帝之後，特不用天子之禮樂，而未嘗不祖天子。蓋三皇、五帝，雖當代之天子必有祭，而其子孫不可以恝然而已。是亦情也。情之所在，即禮也。故所謂諸侯不敢祖天子者，不敢列之五廟以爲太祖，而別立廟以祀之。太祖則固以始封之君爲之，是其義固並行而不悖也。曰：然則禮何以無徵也？曰：有。《左傳》不嘗云乎：『任、宿、須、句，風姓也，實修太皞之祀。』夫太皞，天子也。而任、宿諸國以附庸之小侯，各主其祀。然則祝、鬻二祭，但謂楚當主之，而夔無庸者，非矣。而吾於是推而通之同姓之諸侯，未嘗不然。夫同姓之諸侯，其五廟之太祖，固以始封之君，而未嘗不別有天子之廟。故魯有周廟，祖文王；鄭亦有周廟，祖厲王，非僭也。顧亭林曰：『諸侯若竟不敢祖天子，則始封之君將何祭？天下未有無祖考之人，而況於有土者也。』毛西河亦主此說。愚謂《周禮》散亡，此必有《大宗伯》之明文，許令諸侯各立所出先王之廟，而特不以之入五廟。蓋周禮之別廟，以義考之，自屬多有。假如周公之會於東都，則別有祊在鄭國。而況天子巡狩，屬車所過，身後自皆有廟，則各令同姓諸侯司之。不然，反不如周公矣。漢人郡國皆得立高皇廟，其遺意也。曰：如是，則不已近於禘乎？曰：是又非也。天子於始祖之所自出，固未嘗有廟也。五年一祭，則祭於始祖之廟，而以始祖配之，以其遠，固無廟也。若諸侯之於先王，則反有廟，以其近也。然而祭則未嘗敢以始封之君配之，是乃所謂諸侯不敢祖天子者也。故毛西河謂諸侯當有出王之廟則是，若因此而謂魯可禘，則又非也。顧亭林亦有此語。是固二千年來之疑案，而今始得和齊斟酌而定其說者。曰：是則然矣。然先儒謂楚當祭，夔不當祭，本於《禮》宗子祭、支子不祭之說也。今以《左傳》任、宿諸國均主皞祀之文考之，則於《禮經》不合。曰：《禮》所云，是爲大夫言之也。諸侯之與大夫，地不同，則禮有異。夫古之大夫共仕於一國之中，則宗子祭、支子不祭，是宗法也。大夫以世而分族，故桓族有季、孟、叔三家，則季氏以嫡爲大宗，孟、叔以庶皆合祭於季氏，以季氏之祭，合孟、叔二氏之祖在焉，故可不祭也。諸侯則各居一國，其勢不能相就，如周公八子，其爲外諸侯，則魯也，邢也，蔣也；内諸侯，則宰周公也，凡也，祭也，胙也，茅也。如謂以大夫之禮繩之，則惟魯得祭，而外諸侯如邢、蔣，内諸侯如自宰周公而下，皆不得祭周公，於禮可乎？故魯固以周公爲始封之君，宰周公亦以周公爲始封之君，各爲太祖之廟。蓋周公身爲太宰，而子孫世守其采邑，其有廟無疑也。凡邢而下，不敢以周公爲太祖入五廟，而亦未嘗不别立周公之廟，是以義推之而必然者也。其不敢以周公入五廟者，以支子也；其必别立周公之廟者，溯所自出也。是固不可以大夫之宗法裁之也。即以大夫之宗法言之，試以《曾子問》觀之，亦多有變通之禮，而奈何竟以施之諸侯也？然則夔子不祀，亦自有罪，特楚人滅之，未必不借此以兼弱耳。

**問**：亭林先生謂七七之奠，本於《易》『七日來復』，是以喪期五五，齋期七七，皆《易》數也。其説近於附會，然否？

**答**：亭林儒者，非先王之法言不言，至此條則失之。然此乃其未定之説，在初刻《日知録》八卷。及晚年重定，則芟之矣，蓋自知其失也。七七之説，見於《北史》，再見於《北齊書·孫靈暉傳》。萬季野曰：『究不知始於何王之世。』三見於李文公所作《楊垂去佛齋説》，及皇甫持正所作《韓公神道碑銘》，則儒者斥之之言也。亭林何所見，援臯復之禮，以爲緣起。夫臯復之禮，始死升屋而號，豈有行之四十九日之久者乎？亭林於是乎失言。

鸛浦鄭氏，居喪無七七之齋，可謂知末俗之誤者矣。然其每浹旬一奠，亦非也。考之禮，大夫則朔、望二奠。若非大夫，則但行朔奠一次，謂之殷奠。然則五品以下者，奠三次。五品以上者，朔、望日各一次，凡十次。是禮也。